JN099340

予約のとれない家政婦makoの心底おいしい！手抜きご飯MYベスト

はじめに

こんにちは、アイデア料理研究家のmakoです。早いもので、私のレシピ本も13冊目になりました。今回は、その集大成……というのもなんですが、これまでに開発してきた「簡単」「おいしい」を追求した“mako式レシピ”のベスト版をお届けします。

数々のメニューを開発する中で、あまりの出来のよさに(笑)わが家の定番になったメニューをはじめ、友人などからすこぶる評判のよいメニューや、私の好きな思い出の味を再現したメニューなど、約100品をセレクトしました。あくまで私的なベスト版ですので、「おいしいけれど万人受けは……」という理由で発表していなかったメニューが登場しているのも本書ならではです。

また、炊飯器調理でのベスト、電子レンジ調理でのベストなど紹介方法にも工夫を凝らしています。

この本を読んで、改めて料理の楽しさにハマったり、大好きな人と囲む食卓がもっと好きになったり。そんなお手伝いができたらとてもうれしいです。

著書一覧

『伝説の家政婦mako 魔法のポリ袋レシピ（ワニブックス）』
『予約の取れない家政婦マコのポリ袋でつくりおき（ワニブックス）』
『準備はたった1分！ 家政婦makoのずぼら冷凍レシピ（マガジンハウス）』
『すきっ腹でもほぼ8分以内でつくれてウマウマ！
　予約のとれない家政婦makoのひとりぶんからレンチンごはん（KADOKAWA）』
『予約殺到の家政婦makoの魔法のカンタン弁当（扶桑社）』
『予約の取れない家政婦makoの世界一かんたん！
　糖質オフのやせるつくりおき（KADOKAWA）』
『家政婦マコの『ヒルナンデス！』魔法のテクニック（ワニブックス）』
『世界一早い！家政婦makoのずぼら1分ごはん（マガジンハウス）』
『予約のとれない家政婦makoの超速！ 3品ごはん（学研プラス）』
『すごワザ家政婦makoのラクうまダイエットレシピ（学研プラス）』
『家政婦makoの100円レシピ（扶桑社）』
『らくらく！おいしい！ はじめてさんの曲げわっぱ弁当（東京書店）』

mako流ベストな手抜きご飯とは……

1 すごく簡単！

通常の作り方をするよりも格段に早く作れます。「あれ食べたいけど作るのが面倒だな」という考えがガラッと変わりますよ。

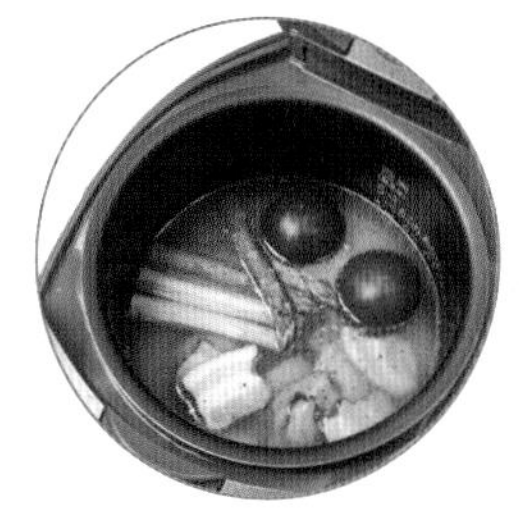

2 すごく効率的！

洗い物がほとんど出ない袋ワザや電子レンジレシピ、1品作っている間にもう1品作れる炊飯器レシピなど、一石二鳥を実現！

3 すごく経済的！

基本は身近な食材で。よそ行きメニューも、できるだけ家にある調味料で代替できるようにしています。作り置きや応用の利く冷凍ベースも紹介！

そして、とってもおいしい！

❶・❷・❸のすべてを網羅していても、おいしくなくては長続きしません。なので、自信を持って「おいしい！」と言えるものだけご紹介します。

CONTENTS

テクニック別 THE BEST ②
いいこと尽くめの袋ワザ編

テクニック別 THE BEST ③
ひとり分も楽チン！電子レンジ編

お弁当が作りが楽になる!

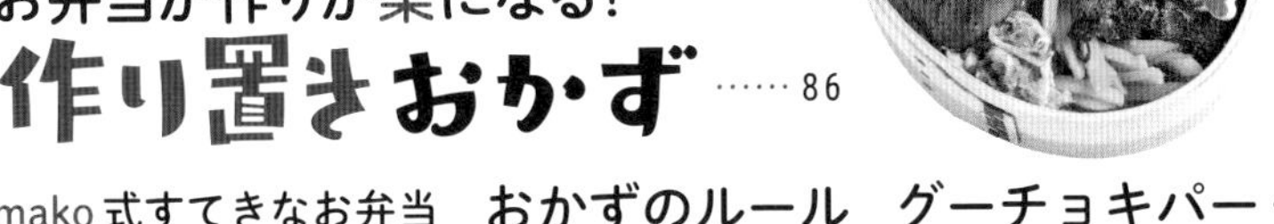

作り置きおかず ……86

時短・カンタン♪

あえるだけBEST 10

常備するシアワセ
漬け物四天王

肉にも野菜にも！
ソース四天王

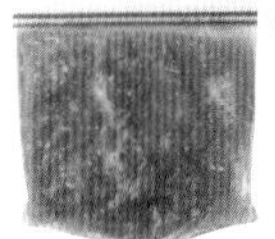

発表！　わたしの最高

これまで開発してきたレシピの中から、反響が大きく、また自分でもよく作る絶対の自信作ベスト10を選びました。定番からパーティで活躍する華やかなレシピまで、どれも簡単でおいしいんです。ぜひ作ってみてください！

MY BEST 1位

味・見た目・ずぼら技。すべてがBEST!

ポリ袋 in チーズバーグ

time 35分　袋ワザ　▶コツはP.39へ

材料(2人分)

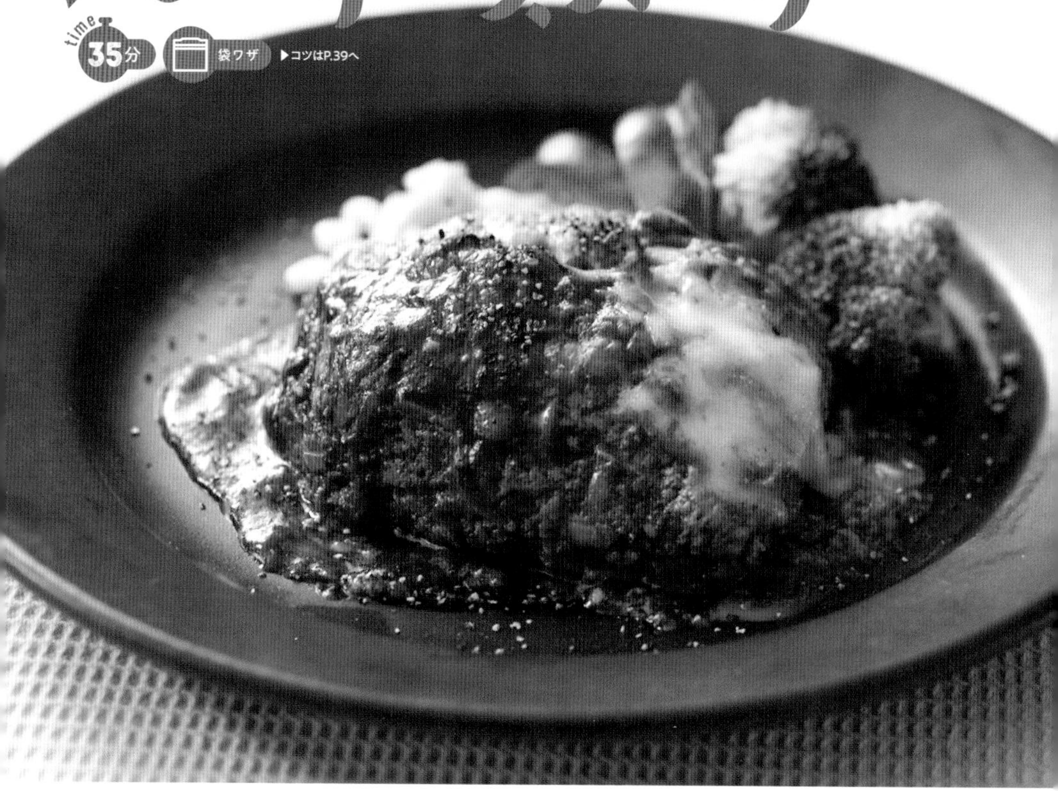

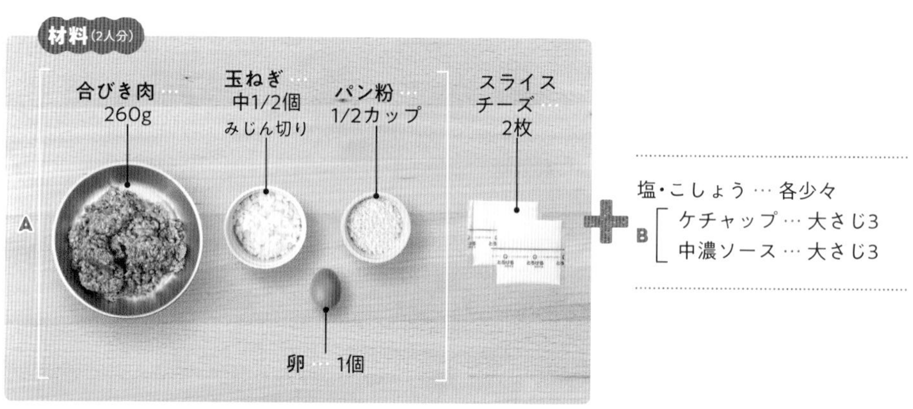

塩・こしょう…各少々

B
- ケチャップ…大さじ3
- 中濃ソース…大さじ3

1

タネを作り、菜箸で2等分する

ポリ袋にAと塩・こしょうを入れて混ぜ合わせ、菜箸などで押さえて2等分にする。

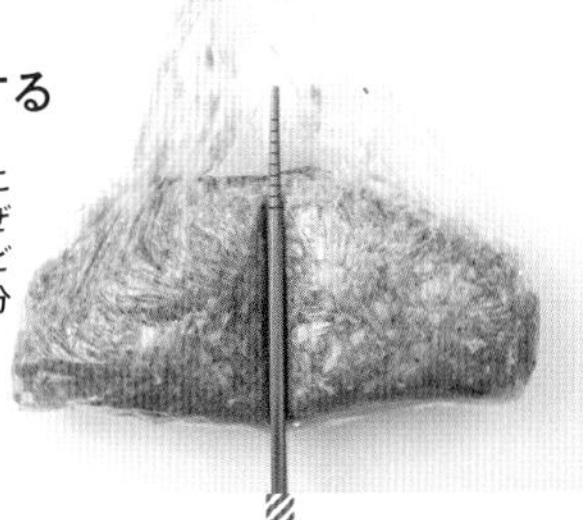

2

チーズを埋め込んで成形する

タネの真ん中に4つ折りにしたスライスチーズを置いて袋の上から押し、埋め込んだら丸く形を整える。

3

Bを合わせて2に加え、空気を抜いて袋の口を上の方でしばる

4

30分湯せんする

鍋に湯を沸かして耐熱皿を敷き、3を入れて30分湯せんする。つけ合わせの野菜も別のポリ袋でいっしょに湯せんすると一石二鳥!

POINT
肉ダネをスプーンなどで押してみて、弾力があれば火の通りはOK。柔らかければ様子を見ながら湯せんを続ける。

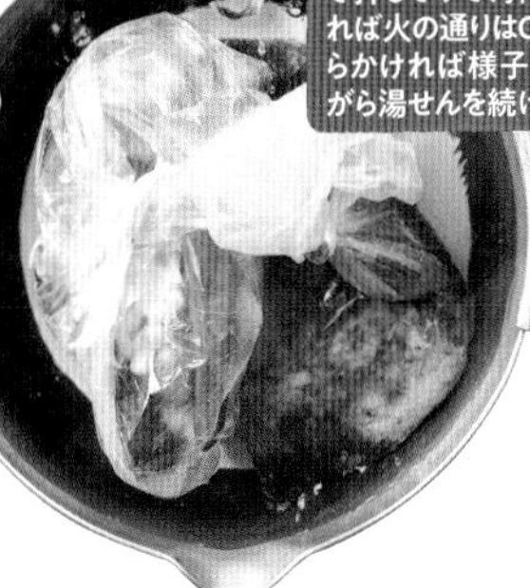

ココがBEST

- 袋の中でうまみが凝縮。とてもジューシーに仕上がります。
- 通常の作り方だと片づけが面倒だけど、これなら洗い物がほとんどなし!
- 湯せんしている間に副菜が作れて時短にも◎

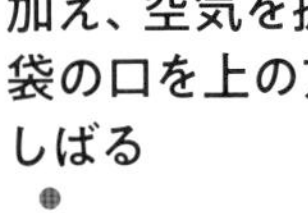

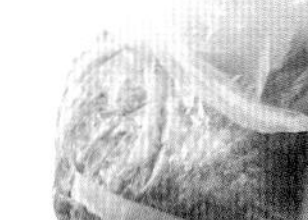

ポリ袋ローストビーフ

▶コツはP.39へ

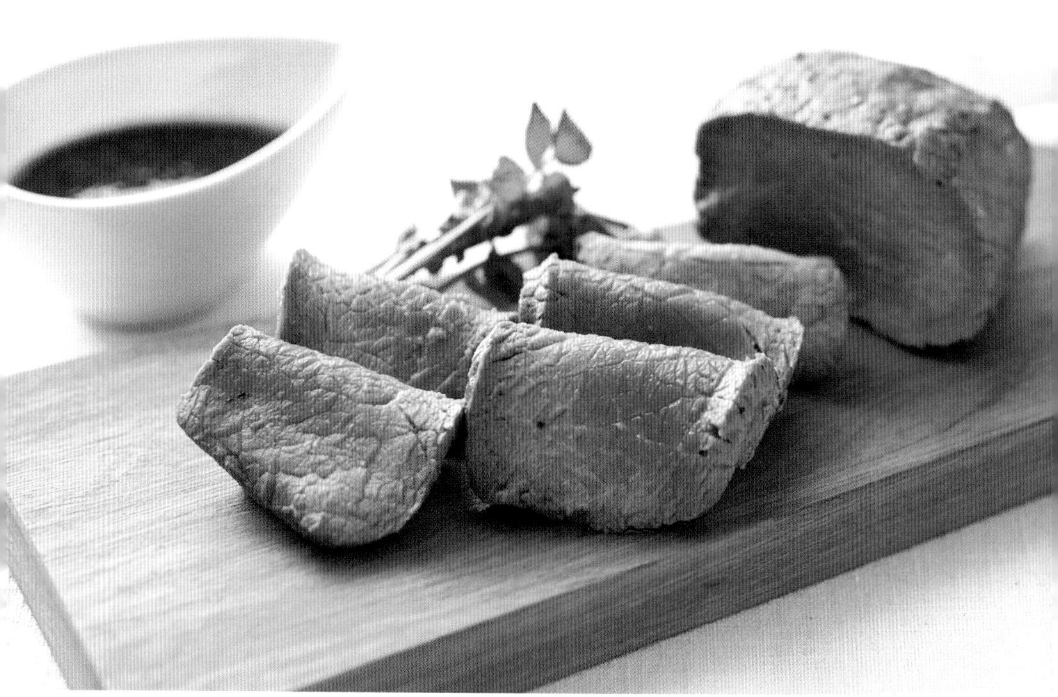

材料(2人分)

塩・こしょう … 各少々
おろしにんにく … 小さじ1

A
- しょうゆ … 大さじ2
- みりん … 大さじ2
- 粒マスタード … 大さじ1/2

1
牛肉に下味をつける

ポリ袋に牛肉を入れ、肉の表面をフォークで刺す。塩・こしょう、おろしにんにくをもみ込む。

2
フライパンで表面をサッと焼き、湯せんする

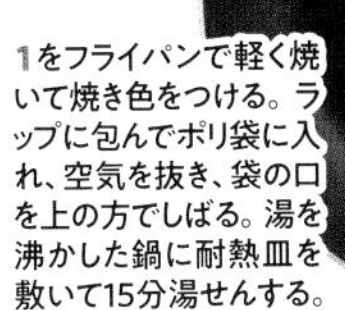

1をフライパンで軽く焼いて焼き色をつける。ラップに包んでポリ袋に入れ、空気を抜き、袋の口を上の方でしばる。湯を沸かした鍋に耐熱皿を敷いて15分湯せんする。

3
マスタードソースを作る

2のフライパンにAを入れ、軽くとろみがつくまで煮詰める。

4
2を食べやすく切り、3をかける

ココがBEST

♥"セミ真空調理"(P.38)でお肉がしっとり！誰でも失敗なく作れます。

♥パーティにも活躍する華やかな料理が手軽に完成♪

♥「こんな方法でできるの？」と、作り方を教えるととってもの喜ばれます☆

MY BEST 3位

簡単なのに味は本格的で感動モノ!!

10分deほめられエビチリ★

time 10分　フライパン　▶コツはP.75へ

材料(2人分)

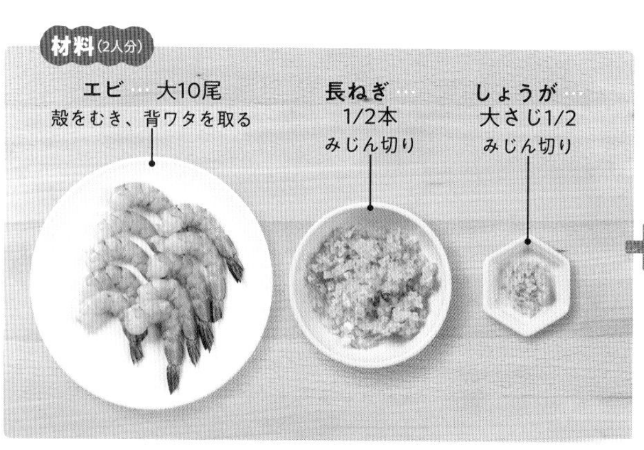

塩・こしょう … 各少々
酒 … 大さじ1/2
片栗粉 … 大さじ1
ごま油 … 大さじ1
豆板醤 … 小さじ1

A
- ケチャップ … 大さじ4
- みりん … 大さじ3
- しょうゆ … 小さじ1
- オイスターソース … 小さじ1

1
エビに塩・こしょう、
酒をもみ込み、
片栗粉をまぶす

2
ごま油をひいた
フライパンで焼く

1の両面をサッと焼いたら、長ねぎ、しょうが、豆板醤を加えて炒め合わせる。

3
Aを加えてサッと
炒め合わせる

ココがBEST

♥プリプリのエビとたっぷりの香味野菜がおいしい！
♥さめてもおいしくて、お弁当にも使えます。
♥私にとっては幼いころから慣れ親しんだ味。わが家の定番です。

売り切れ必至の人気惣菜レシピを公開

MY BEST 4位

クリーミーカキグラタン

time 20分　オーブントースター　▶コツはP.63へ

材料(2人分)

＋

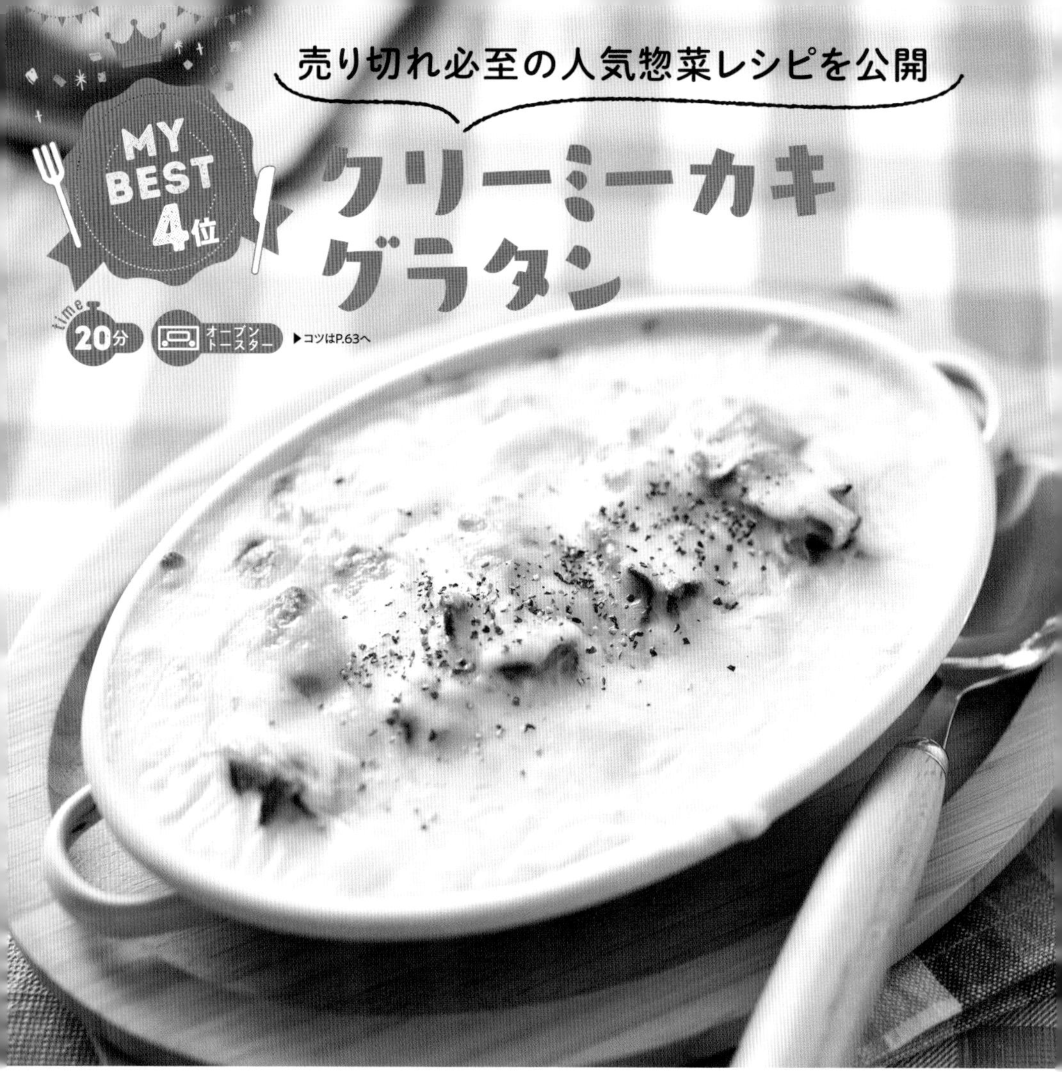

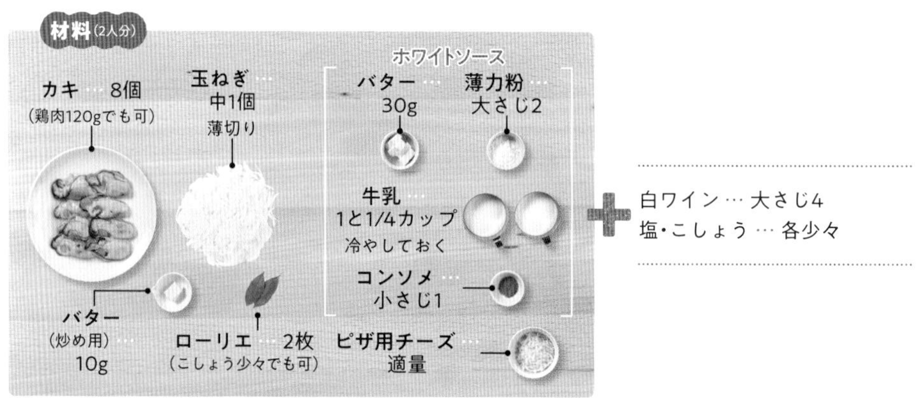

白ワイン … 大さじ4
塩・こしょう … 各少々

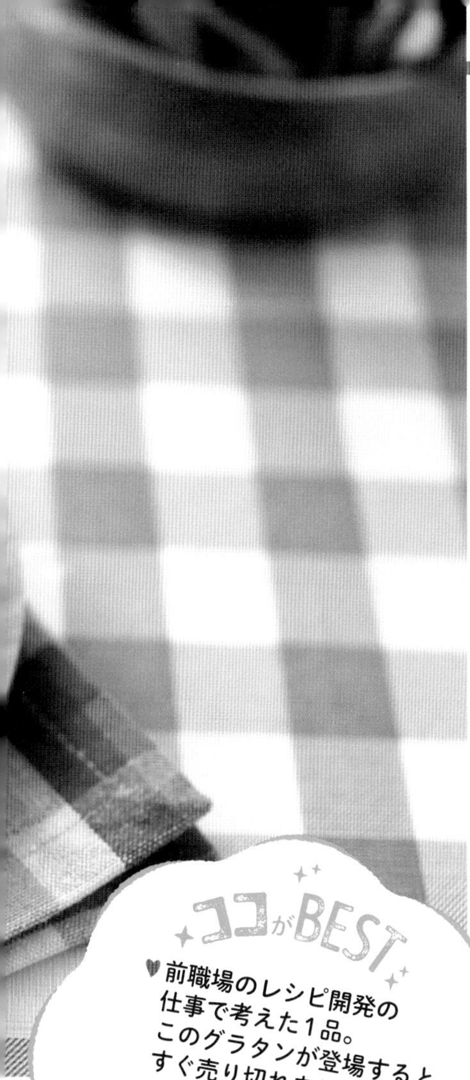

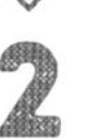

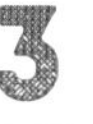

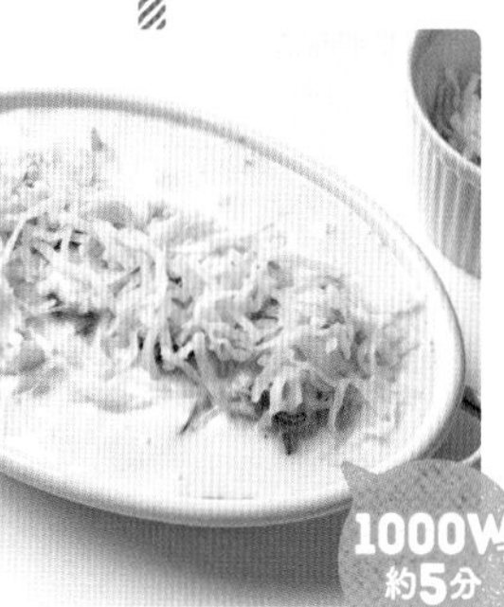

ココがBEST

- 前職場のレシピ開発の仕事で考えた1品。このグラタンが登場するとすぐ売り切れました♪
- 玉ねぎを炒めるのに少し時間がかかりますが、作り方はとてもシンプル。
- カキのうまみと玉ねぎの甘みが絶妙◎

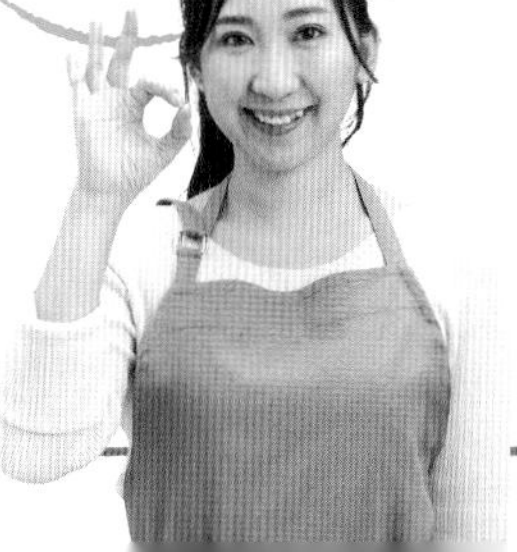

1
鍋にバター、玉ねぎを入れ、あめ色になるまで炒める

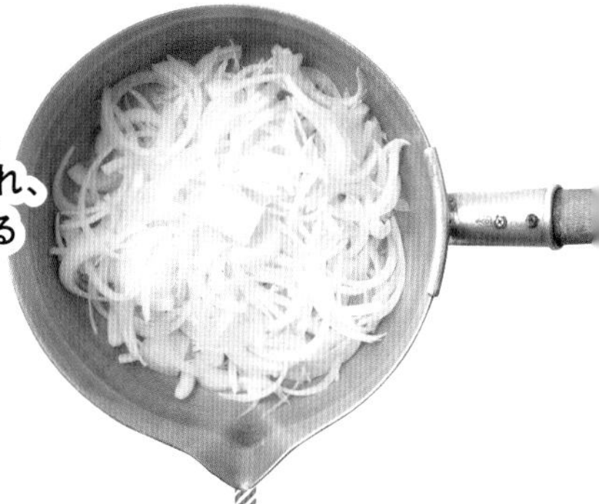

2
1にカキ、白ワイン、ローリエを加えてふたをし、5分蒸し焼きにする

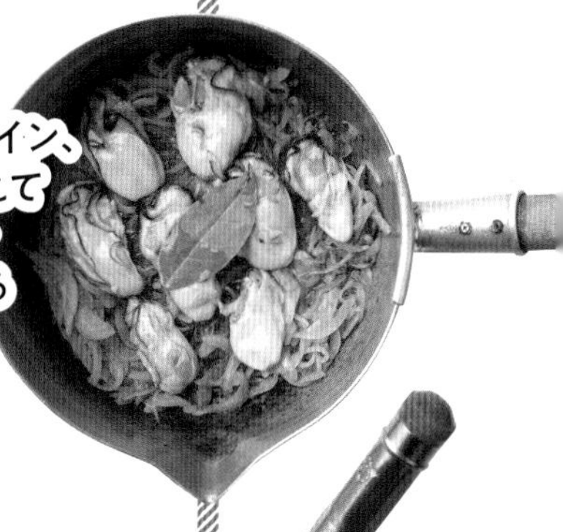

3
ホワイトソースを作って具を混ぜる

別の鍋にバターを溶かし、小麦粉を入れてサラッとするまで炒め、牛乳を一気に加える。コンソメを加え、泡だて器で混ぜながら中火で加熱する。とろみがついたら2を入れて混ぜ合わせ、塩・こしょうで味を調える。

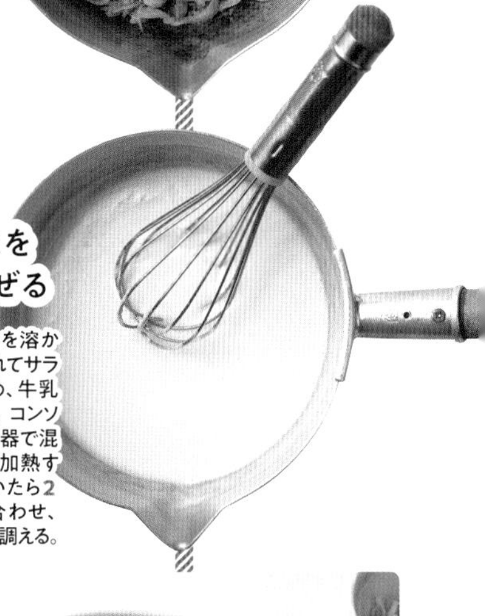

4
耐熱容器に3を入れ、ピザ用チーズをふり、オーブントースターで5分程、焼き色がつくまで焼く

1000Wで約5分

MY BEST 5位

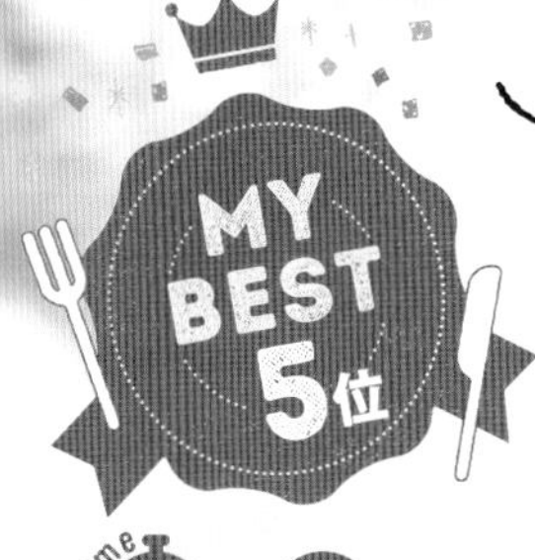

人気店のスフレチーズケーキを再現

レーズンぎっしり！スフレチーズケーキ

time 70分　オーブン

材料(直径16cmのホール型1台分)

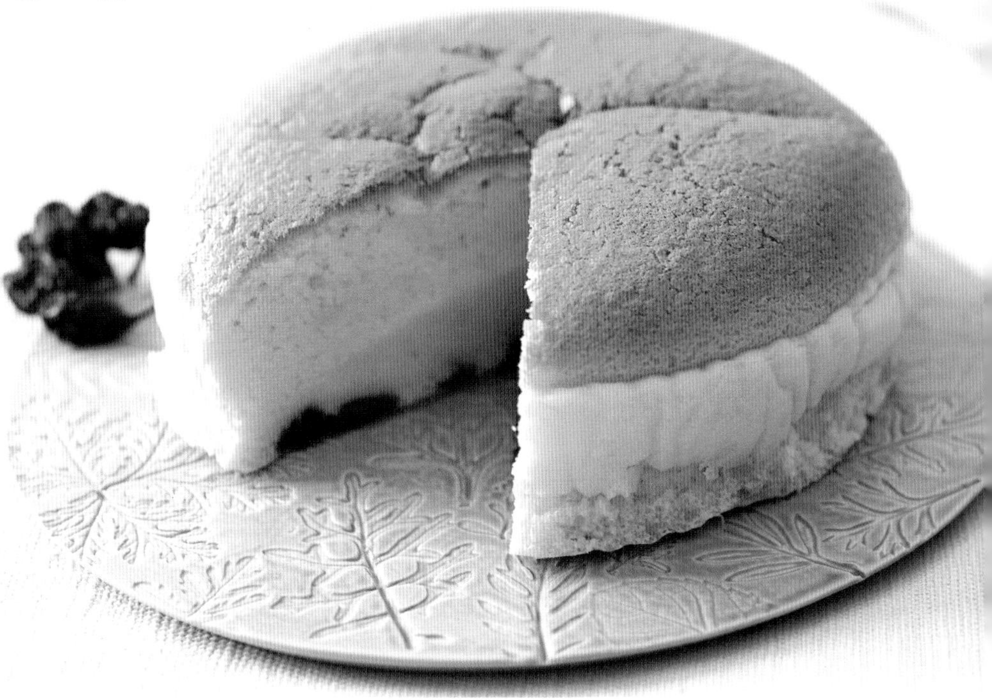

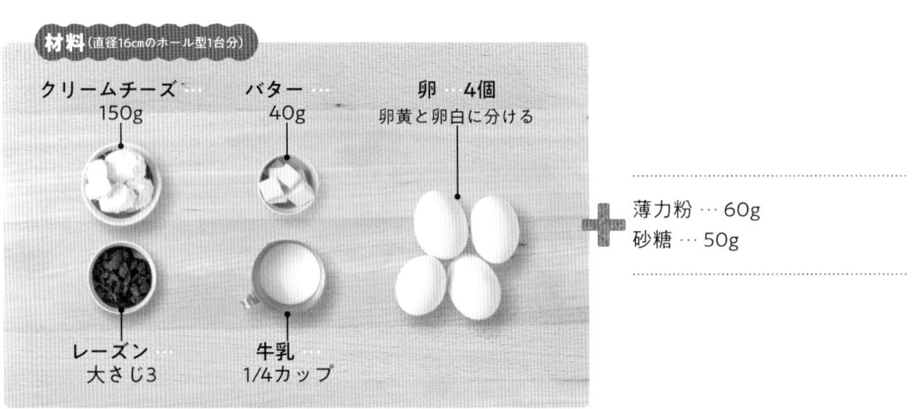

＋ 薄力粉…60g
砂糖…50g

1 クリームチーズ、バター、薄力粉をよく混ぜる

クリームチーズとバターをボウルに入れ、湯せんにかけながらなめらかになるまで混ぜる。振るった薄力粉を加え、粉っぽさがなくなるまでさらに混ぜる。

2 牛乳と卵黄を数回に分けて入れ、よく混ぜる

3 卵白に砂糖を入れてツノが立つくらい泡立て、2に数回に分けて混ぜる

4 オーブンで湯せん焼きにする

クッキングシートを敷いた焼き型にレーズンを入れ、3を流して表面をならす。湯を入れた天板に型を置き、150℃のオーブンで60分湯せん焼きする。

POINT
湯の温度が高いと表面が割れる原因になるので注意。

ココがBEST

- 大好きなチーズケーキのお店があり、似たものが作れないかと開発したレシピです。
- 軽い食感のスフレタイプだから、いくらでも食べられちゃう！
- レーズンがぎっしり入って食べごたえもあります♪

MY BEST 6位

だしを吸い込んだ厚揚げがジュワッ

おかずけんちん汁

time 10分　鍋

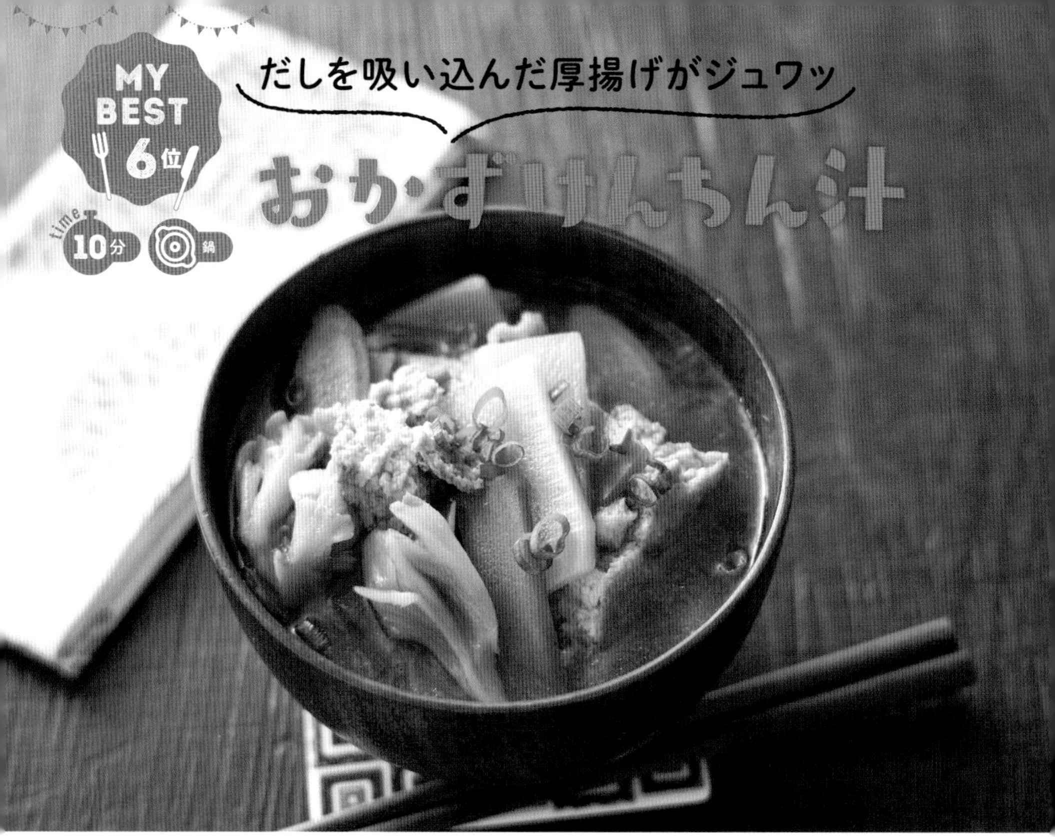

材料(2人分)

＋
だし汁…2カップ
塩…ひとつまみ
しょうゆ…大さじ1/2

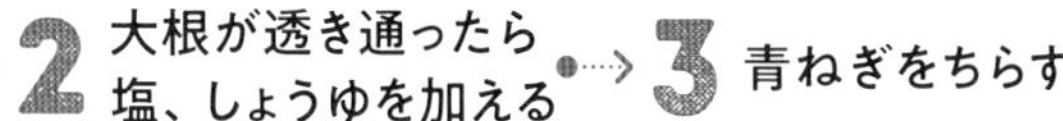

1 鍋にだし汁と具を入れる

2 大根が透き通ったら塩、しょうゆを加える

3 青ねぎをちらす

厚揚げをちぎりながら入れ、青ねぎ以外の野菜も加えて火にかける。

MY BEST 7位

鮮やかなグリーンが食欲をそそる

レタスレンジしゅうまい

time 15分　電子レンジ

▶コツはP.51へ

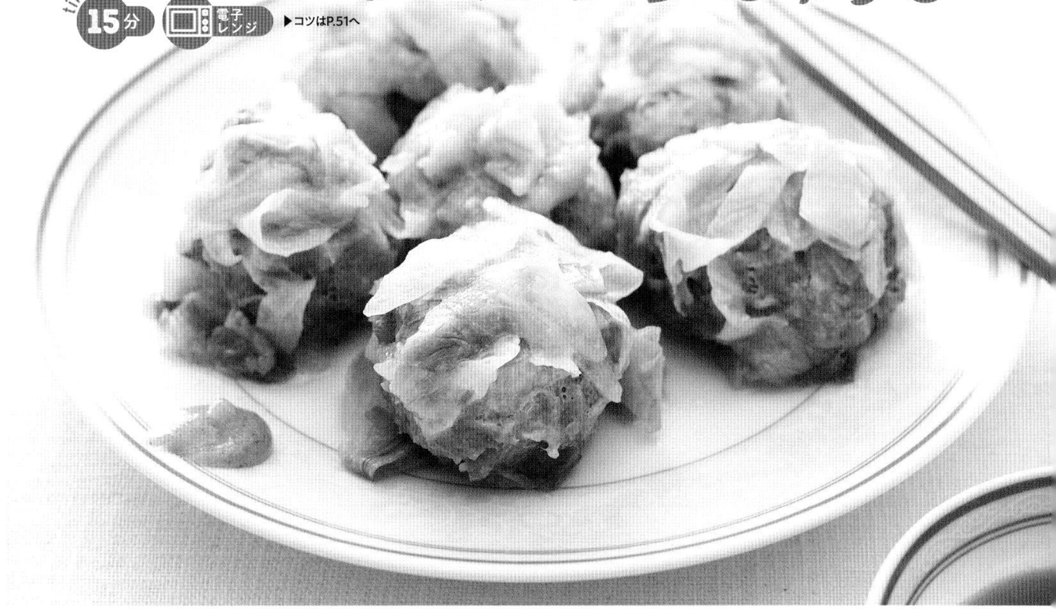

材料(2人分)

豚ひき肉……240g

玉ねぎ……中1/4個 みじん切り

レタス……1/4個(120g) せん切り

+

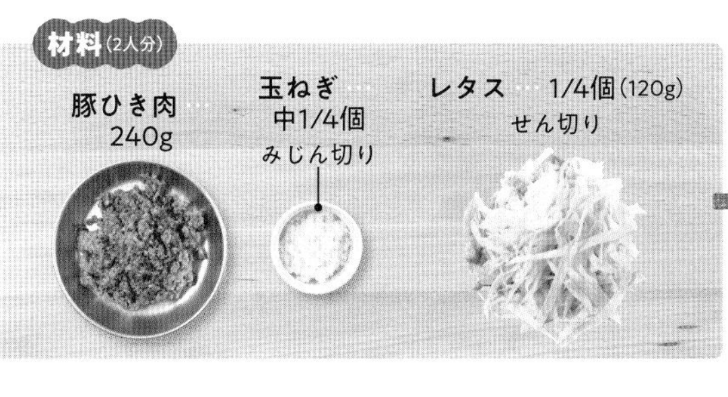

A
- オイスターソース…小さじ2
- しょうゆ…小さじ1
- ごま油…小さじ1
- 片栗粉…小さじ1

薄力粉…大さじ1

酒…大さじ1

1 豚ひき肉、玉ねぎ、Aをよく混ぜる → **2** 1を6等分にして丸める → **3** 電子レンジで加熱する

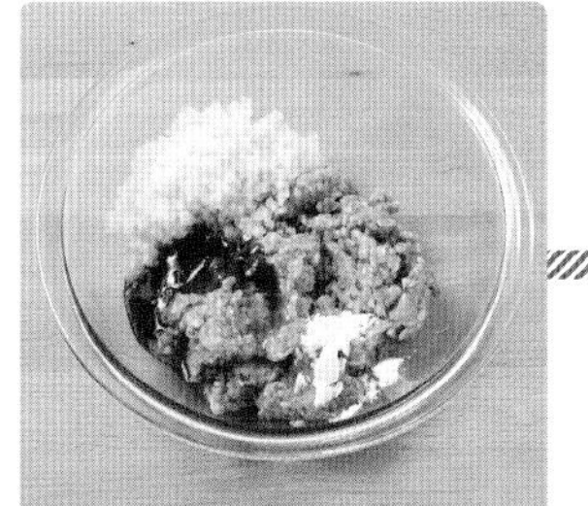

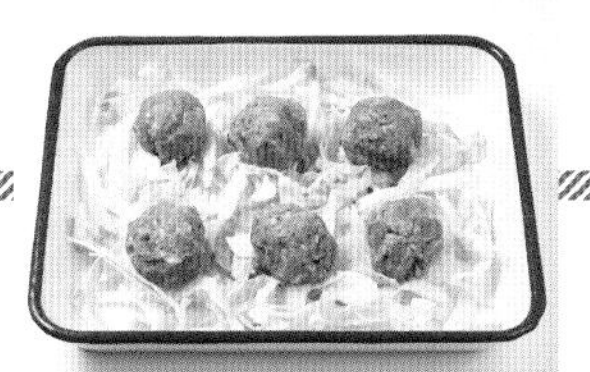

レタスと薄力粉を合わせ、その上に丸めた肉ダネを並べていく。

600Wで6分

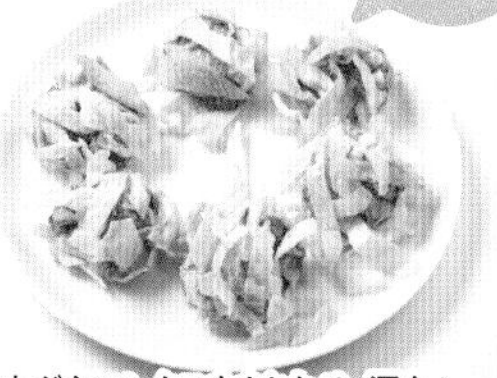

肉ダネにレタスをまとわせ、酒をふりかけてふんわりラップをし、電子レンジで6分加熱する。

MY BEST 8位

time 10分 鍋

甘酸っぱさが後を引くタイ風春雨サラダ

ヤムウンセン

材料（2人分）

- 緑豆春雨…70g
- 乾燥きくらげ…10g
- シーフードミックス…100g 解凍しておく
- 青唐辛子…1/2本 輪切り
- 万能ねぎ…2本分 ざく切り
- パクチー…1/2株 ざく切り
- 紫玉ねぎ…中1/4個 薄切り
- セロリ…2本（130g）薄切り

＋A

- ナンプラー（しょうゆでも可）…大さじ2
- ライムの絞り汁（レモン汁でも可）…大さじ2
- 砂糖…大さじ1/2

1 春雨、きくらげ、シーフードをゆでる → **2** ザルにあけ、きくらげを切る → **3** 熱いうちにあえる

鍋に湯を沸かしてきくらげを入れ、戻りかけたら春雨、シーフードミックスの順に入れてゆでる。

食べやすい大きさに。

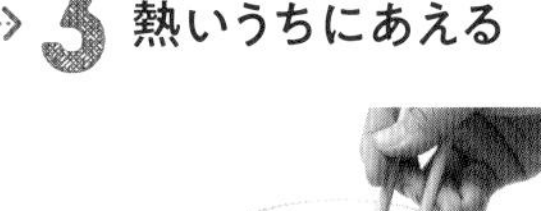

2にA、紫玉ねぎ、セロリ、ねぎ、パクチー、青唐辛子を入れ、よくあえる（パクチー、青唐辛子は好みで抜いてもよい）。

MY BEST 9位

袋に入れてもみもみ♪ 完成！

かんたん白和え

time 5分

袋ワザ

▶コツはP.39へ

材料（2人分）

絹豆腐…1/2丁（150g）

春菊…100g 3cm幅に切る

にんじん…中1/4本 せん切り

すりごま…大さじ2

＋

めんつゆ（2倍濃縮）… 大さじ2

砂糖… 小さじ1/2

1 キッチンペーパーで豆腐の水気を取る

2 春菊とにんじんを加熱する

3 袋の中であえる

600Wで1分40秒

ポリ袋に春菊とにんじんを入れて口を軽く折り、電子レンジで1分40秒加熱して袋のまま冷水でひやす。

2の粗熱が取れたら、1、すりごま、めんつゆ、砂糖を入れ、豆腐を崩しながらしっかり混ぜる。

MY BEST 10位

time 40分 オーブン

とろける食感と濃厚な味が最高！

生チョコタルト

洋酒…適宜
ココアパウダー…適量

1 タルト生地を作る → **2** オーブンで焼く → **3** 生チョコクリームを入れて冷やし固める

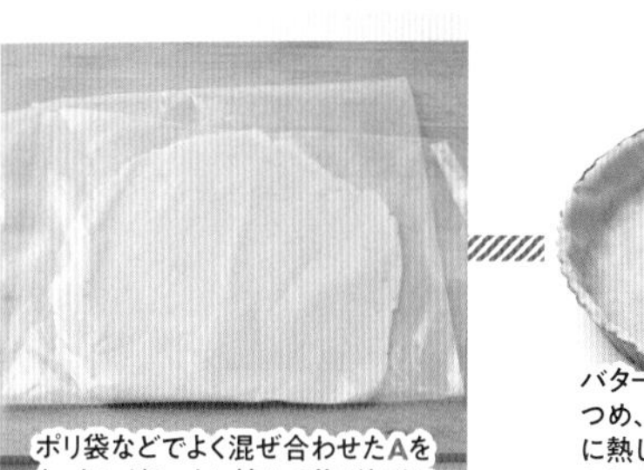

ポリ袋などでよく混ぜ合わせたAをクッキングシートに挟んで薄く伸ばす。

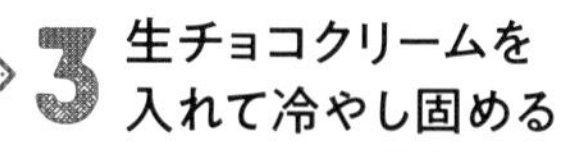

180℃で約15分

バター（分量外）を塗った型に1を敷きつめ、フォークで穴を開けて180℃に熱したオーブンで15分程、薄く焼き色がつくまで焼く。

鍋に生クリームを入れ、沸騰直前まで温めたら火からおろし、板チョコ、洋酒を入れてよく混ぜる。
2に流し入れ、冷蔵庫で冷やしてココアパウダーをふる。

本書のおいしい使い方

1 テクニック別BESTは扉のコツをチェック！

炊飯器や電子レンジなど、テクニック別BESTレシピの扉には、それぞれの調理方法のコツを紹介しています。作り始める前に確認してみてください。

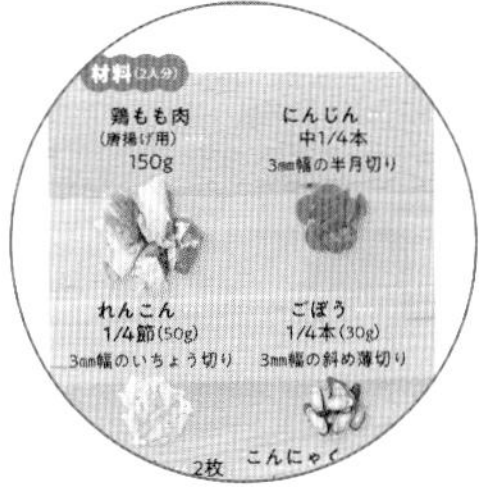

2 材料の切り方や下準備が一目瞭然♪

調味料以外の材料は、切り方や分量を写真付きで紹介。まずはこの下ごしらえを済ませれば、スムーズに調理が始められます。

3 食材の状態は写真を参考に

大部分のレシピを写真付きで紹介。焼き目や固さの加減が分かります。

基本的なルール！

- 食材はきれいに洗った状態を前提にしています。皮をむく、と書かれていないものは皮ごと使います。
- ナンプラーやココナツミルクなど、家に普段ない調味料は代用アイデアを材料に紹介しています。
- 何も記載がない場合、電子レンジは600W、オーブントースターは1000Wを基準にしています。電子レンジのW数に600Wがない場合は右の表を参考にしてください。

〈電子レンジ変換表〉

時間	500W	700W	800W
1分	1分12秒	51秒	45秒
3分	3分36秒	2分34秒	2分15秒
5分	6分	4分17秒	3分45秒
10分	12分	8分34秒	7分30秒
12分	14分24秒	10分17秒	9分

- アイコンについて

BEST！ ちょっと手がかかってもこれをやるからおいしい！を紹介しています。

POINT でき上がりの目安やちょっとした注意点などを紹介しています。

テクニック別 THE BEST ①

ほったらかし炊飯器編

mako's セレクション ベスト5

ココがうれしい♪ 炊飯器！

丸ごと野菜や塊肉も、やわらかく炊き上げてくれる炊飯器。具だくさんの炊き込みご飯はもちろん、手間のかかるミートローフや角煮までできて、じつはかなり万能な調理器具です。※ 釜の中で調味料が水と一緒に対流するから、全体に味が行きわたるのもポイント。材料を放り込んでスイッチオンしたら、あとはほったらかしでごちそうが完成です！

※調理対応の炊飯器を使ってください。また、圧力式炊飯器でポリ袋を使うと空気が膨張したり調圧孔にポリ袋が詰まったりする可能性があるので、圧力式炊飯器ではポリ袋を使うレシピは避けましょう。

※炊飯器によって炊き上がりにムラが出ることも。なかなかスイッチが切れないときは時々様子を見ましょう。

炊飯器調理のコツ

入れる量には1合以上の余裕を

材料をすべて入れた時、パンパンになっていると中で膨張して通気孔を塞ぐことが。3合炊きなら2合までなど1合以上の余裕を残して炊くのがおすすめです。

同時調理する時は材料同士を離す

炊き込みごはんと蒸し野菜というように、一度で数品作れるのも炊飯器の魅力。材料が混ざらないように入れれば取り出す時が楽ちん！

炊飯器レシピ

1位

time 5分

※炊飯時間を除く

野菜がホクホク、甘〜い！

ゴロッと根菜の中華おこわ

材料(2人分)

A
- しょうゆ…大さじ1と1/2
- オイスターソース…大さじ2
- 酒…大さじ1
- おろししょうが…小さじ2

パクチー(あれば)…少々

mako★memo

材料を切らずに、洗って入れるだけだからとっても簡単！　炊き上がって、ふたを開ける瞬間も楽しい自信作です（笑）。さつまいもをしゃもじで切りながら混ぜ込むと、甘みが全体に広がっておいしいですよ。ツナを鶏肉や豚肉に変えるのもおすすめです。

1 米ともち米、Aを炊飯器に入れ、2合の線まで水を注ぐ

2 具をすべて入れて炊飯する

POINT
さつまいもが太い場合は縦半分に切って。

3 炊き上がったら具を食べやすく切り分ける。お好みでパクチーを添える

炊飯器調理のコツはP.27へ

炊飯器
レシピ
2位
time
10分
※炊飯時間を除く
彩りと食感も楽しい！
カラフル
ミートローフ

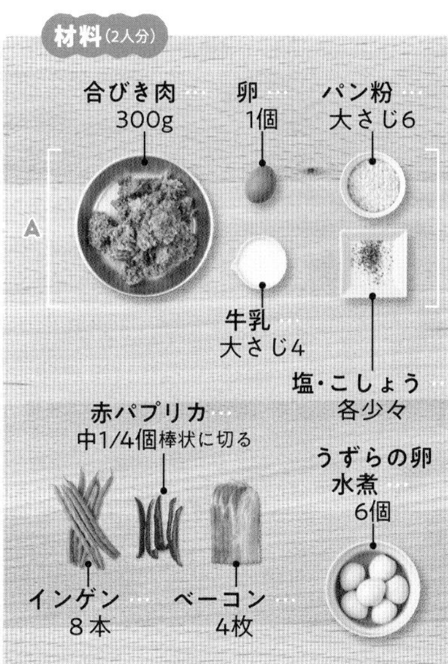

mako★memo

子どもの誕生パーティなどにぴったりな華やかな一品です。うずらの卵の断面を見せるようにカットすると、盛りつけた時にきれい！　フレッシュなインゲンやパプリカを使うと食感もいいですが、もっと簡単に作りたい人はミックスベジタブルを使ってもOk☆　お好みでケチャップやマスタードをつけても。

1
Aをポリ袋でよく混ぜる

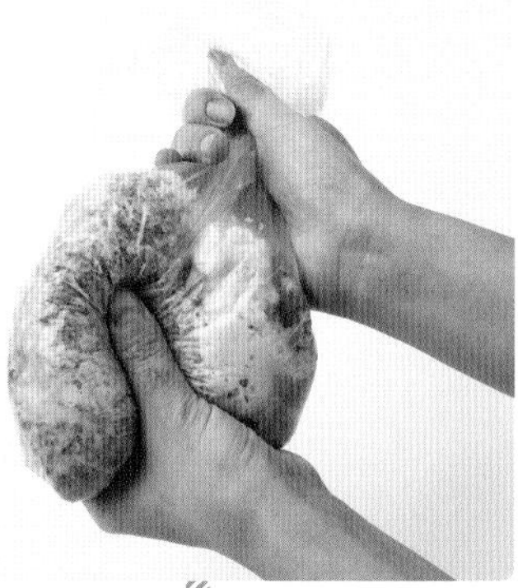

2
炊飯器に材料を重ね入れる

ベーコンを敷き、その上に1の半量を広げ、うずらの卵、インゲン、赤パプリカを並べる。

3
1の残りをさらに敷き詰め、炊飯する

POINT
ベーコンがはみ出ていたら上にかぶせて。

炊飯器調理のコツはP.27へ

炊飯器
レシピ

3位

15分

※炊飯時間を除く

おしゃれなフレンチも炊飯器で

自慢できちゃう ガランティーヌ

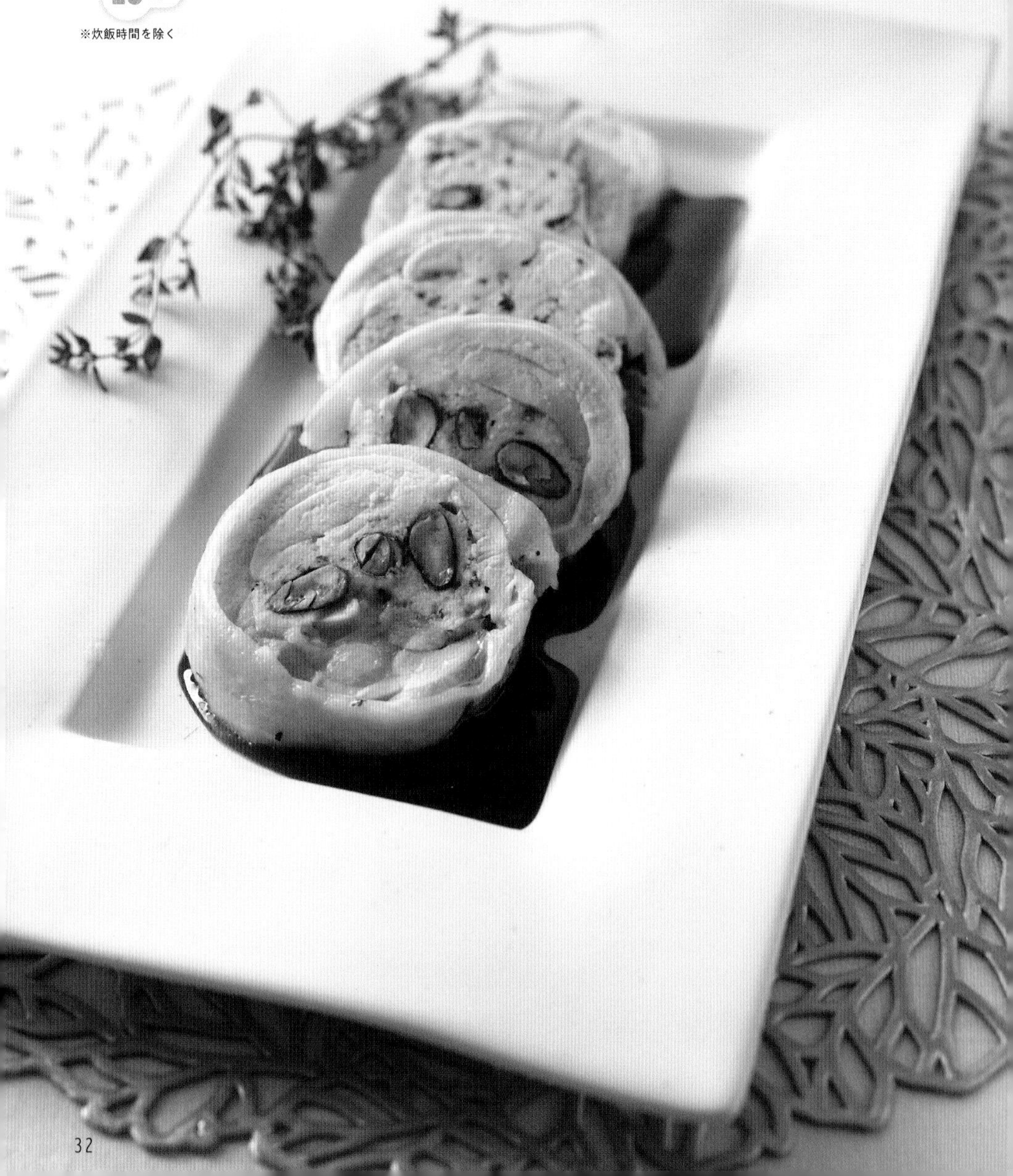

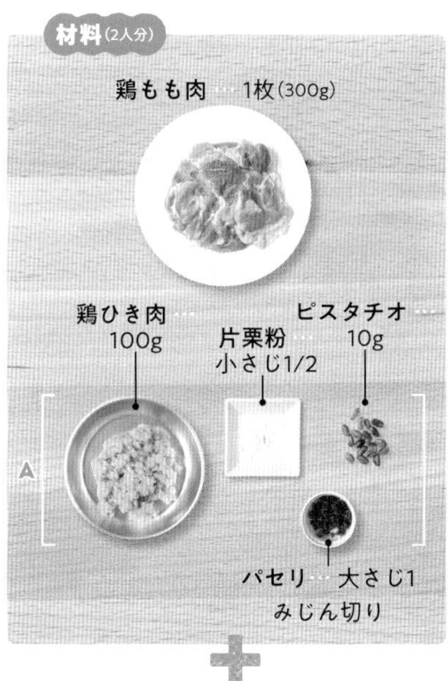

＋

塩・こしょう…各少々

B
- バルサミコ酢…大さじ2
- はちみつ…大さじ1
- 塩…ひとつまみ
- こしょう…少々

mako★memo

簡単なのに、とても手が込んでいるように見えるので持ち寄りパーティやちょっとしたおもてなしにおすすめです。鶏もも肉はむね肉でもOkなほか、バルサミコ酢がない場合は酢大さじ2、砂糖大さじ1、しょうゆ小さじ1/2、こしょう少々でもOk。ケチャップとレモン汁を混ぜたソースもよく合います。

1
鶏肉を広げて塩・こしょうをし、厚い部分をキッチンバサミで切り開く

2
ひき肉を1で巻く

ポリ袋でAと塩・こしょう少々をよく混ぜ合わせ、1に乗せて巻く。ラップで包んでからポリ袋に入れ、空気を抜いて袋の口を上の方でしばる。

3
保温モードで加熱する

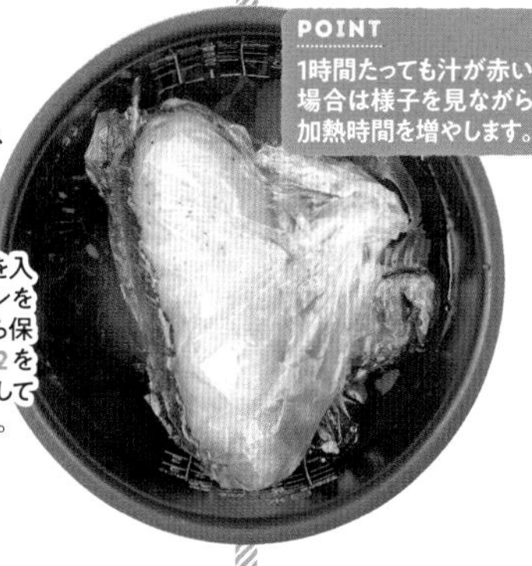

POINT
1時間たっても汁が赤い場合は様子を見ながら加熱時間を増やします。

炊飯器に熱湯を入れて炊飯ボタンを押し、沸騰したら保温モードにして2を入れる。ふたをして1時間放置する。

4
ソースを作る

3の袋に溜まった肉汁とBを煮詰めて茶こしでこし、食べやすく切った3にかける。

炊飯器調理のコツはP.27へ

炊飯器レシピ 4位 time 3分 ※炊飯時間を除く

丸ごとトマトの洋風炊き込み

材料（2人分）

アスパラ … 3本
硬い皮はピーラーでむき、半分に切る

米 … 2合
研いでおく

トマト … 中2個

ベーコン厚切りカットタイプ … 1袋（100g）

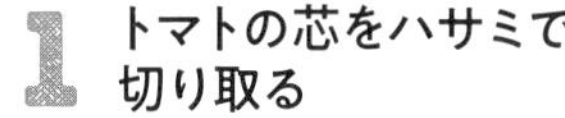

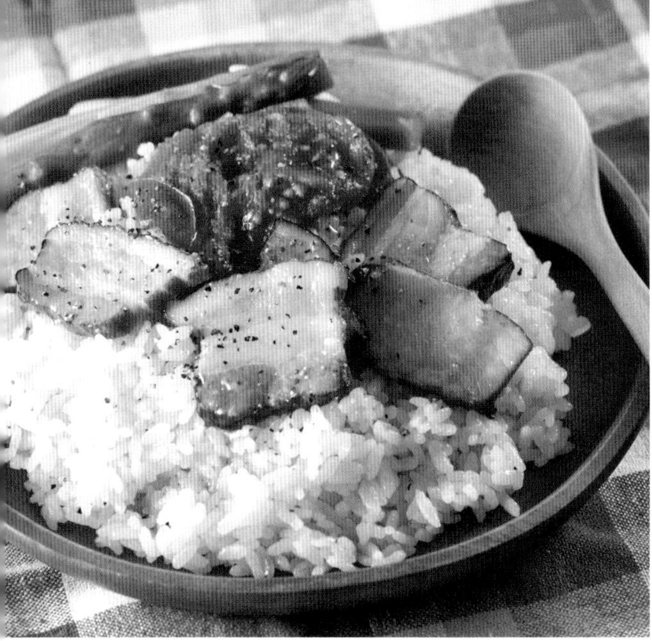

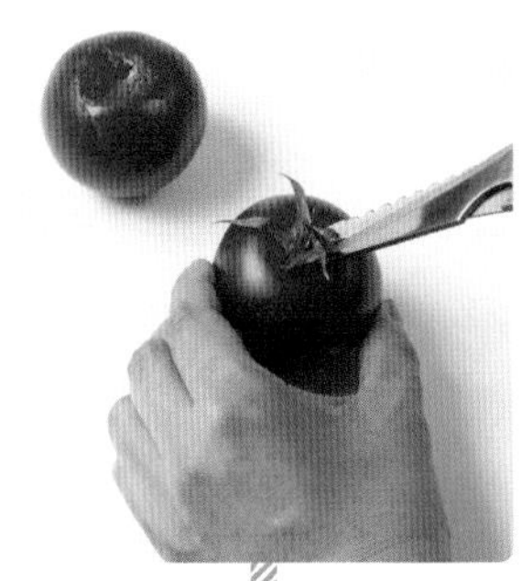

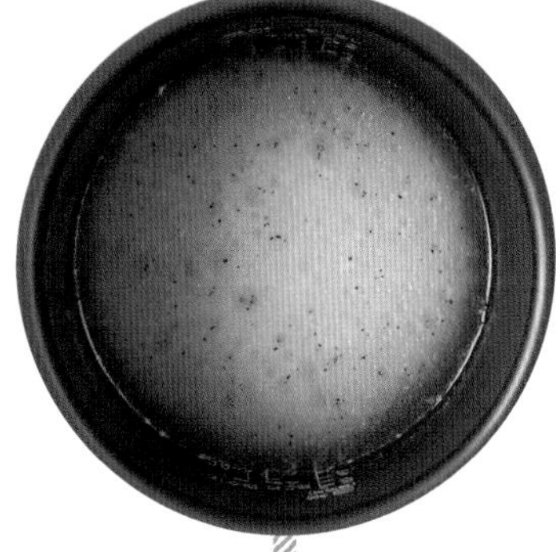

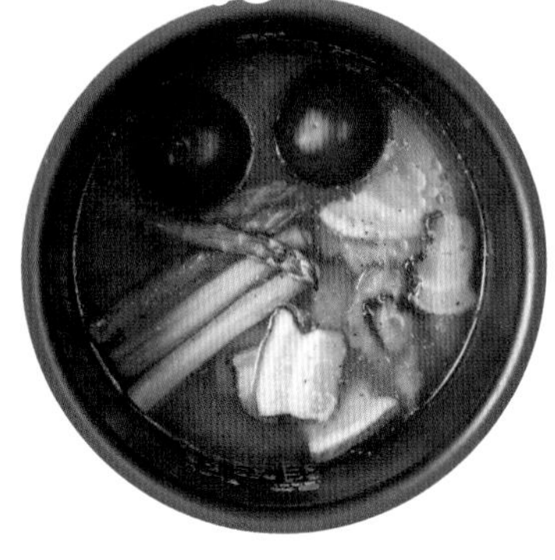

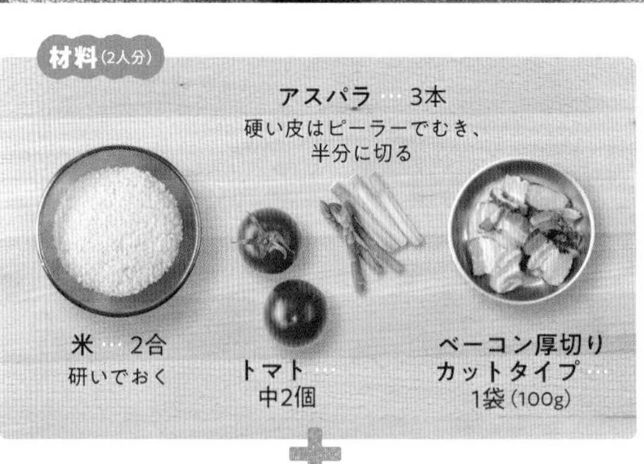

A
- 顆粒コンソメ … 小さじ1
- おろしにんにく … 小さじ1/2
- 塩 … 小さじ1
- オリーブオイル … 小さじ1
- こしょう … ひとつまみ

1 トマトの芯をハサミで切り取る

2 米とAを炊飯器に入れ、2合の線まで水を注ぐ

3 具を入れて炊飯する

炊飯器レシピ　5位　time 5分　※炊飯時間を除く

ご飯泥棒なしみしみ角煮

材料(2人分)

豚バラ肉(ブロック)…300g

大根…1/4本(200g) 3cm幅の半月切りにする

長ねぎ…1本(130g) 6cm長さに切る

＋

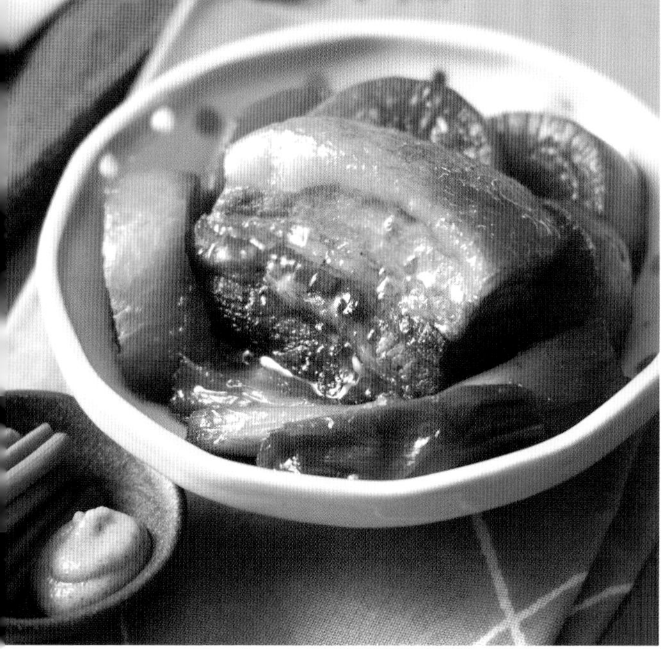

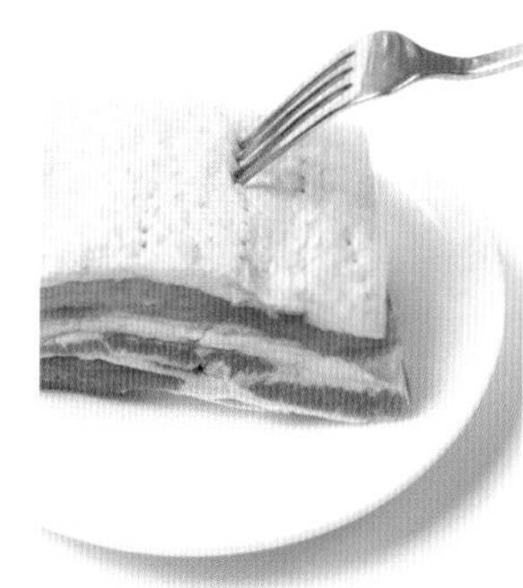

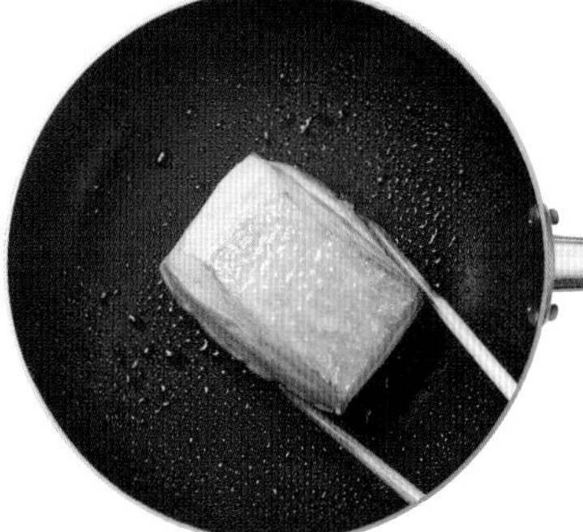

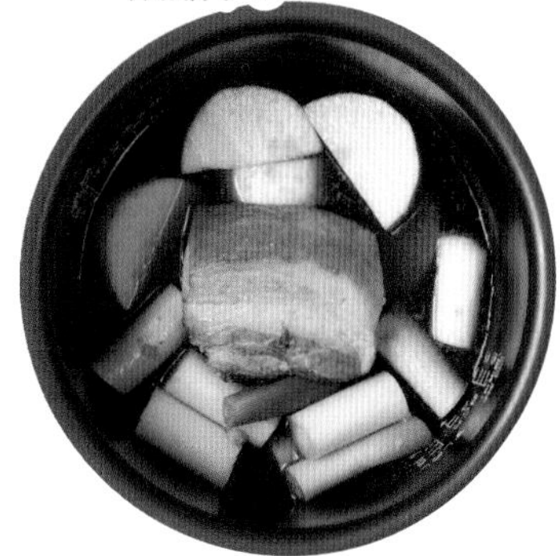

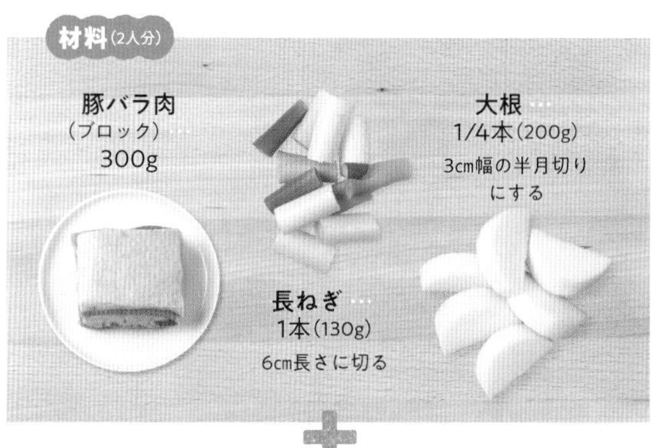

おろししょうが…大さじ1
水…1カップ
酒…大さじ3
しょうゆ…大さじ3
砂糖…大さじ3
オイスターソース…大さじ1/2

1 フォークで豚肉を数か所刺す。

2 1をフライパンで焼き色がつくまで焼く

3 2と長ねぎ、大根、調味料をすべて入れ、炊飯する

炊飯器調理のコツはP.27へ

まだある! 何度もリピしちゃう

ゴロッと迫力満点!

丸ごと肉じゃが

time 5分

材料(2人分)

牛薄切り肉 … 150g
じゃがいも … 中3個
玉ねぎ … 中1個
にんじん … 中1本
インゲン … 4本
水 … 1カップ
しょうゆ … 大さじ2
酒 … 大さじ1
みりん … 大さじ1
顆粒和風だし … 小さじ1
砂糖 … 大さじ1

1 じゃがいもはよく洗う。玉ねぎは皮をむいて半分に切る。にんじんは皮をむいて4等分する。インゲンは半分に切る。

2 材料をすべて入れ、炊飯する。

男性も喜ぶがっつり系★

ビビンバご飯

time 3分

材料(2人分)

米 … 2合
牛薄切り肉 … 150g
もやしミックス … 1/2袋(100g)

A
- 焼肉のタレ … 大さじ4
- コチュジャン … 大さじ1
- めんつゆ … 大さじ1
- ごま油 … 大さじ1

1 米を研いでAとともに炊飯器に入れ、2合の線まで水を注ぐ。

2 牛肉ともやしミックスを1の上にのせて炊飯する。

炊飯器レシピ

※調理時間は炊飯時間を除きます。

鶏のうまみ濃厚！

カオマンガイ time 3分

材料（2人分）

米…2合
鶏もも肉…小2枚（250g×2）
A
- 鶏がらスープの素…大さじ1
- しょうゆ…大さじ1
- しょうがスライス…8枚
- 塩…ふたつまみ

B
- 万能ねぎ（みじん切り）…少々
- レモン汁…大さじ1/2
- ナンプラー（しょうゆでも可）…大さじ1/2

パクチー（あれば）…少々

1 米を研いでAとともに炊飯器に入れ、2合の線まで水を注ぐ。鶏肉をのせて炊飯する。

2 炊き上がったら鶏肉を切り、器に盛る。お好みでパクチーを添え、合わせたBをかける。

白だしが上品に香る

山菜おこわ time 5分

材料（2人分）

米…1合
もち米…1合
山菜水煮…100g
油あげ…1枚（50g）

A
- しょうゆ…大さじ1
- 白だし…大さじ4
- みりん…大さじ1

1 米ともち米を研いでAとともに炊飯器に入れ、2合の線まで水を注ぐ。油あげは1cm幅に切る。

2 山菜水煮と油あげを1の上にのせて炊飯する。

炊飯器調理のコツはP.27へ

テクニック別 THE BEST ②

いいこと尽くめの袋ワザ編

mako's セレクション ベスト5

ココがうれしい♪ 袋ワザ！

袋ワザには湯せん加熱してすぐ食べるものと、冷凍ストックできるものの2種類が。湯せんする袋ワザでは、袋の中の空気を抜いて「セミ真空」を作り出すのがおいしさの秘訣です。真空調理とまではいかなくても、短時間でやわらかく仕上がり、味がギュッと染み込んで、お肉はしっとり、野菜は本来のうまみがしっかり！　洗い物も最低限で済んで、いいこと尽くめ♪

袋ワザレシピのコツ

湯せんにはポリ袋、冷凍は保存袋を

湯せんに使うポリ袋は、表示を確認し、ボイル可能なものを選びましょう。冷蔵庫でストックする時はチャックつき保存袋が便利です。

湯せんの時は空気を抜いて「セミ真空」に

袋を抑えて空気を抜き、上の方で口をしばります。鍋肌に当たって袋が破れないよう、底に耐熱皿を敷き、ポコポコと泡が出る状態で湯せんを。

冷凍する時は空気を抜いて平らに

食材の酸化やいたみを防ぐため、冷凍保存も必ず空気を抜いてから。ぴったりチャックを閉めて、バットなどに乗せて平らな状態で冷凍します。

袋ワザ
レシピ

1位

time 25分

ドーンと作って食卓の主役に！

具がたっぷり♡チーズオムレツ

塩・こしょう…各少々

mako★memo

袋の中で混ぜるだけで、簡単に見ためにもきれいなオムレツができちゃうマル秘レシピ♪　今回はツナを入れていますが、ハムに変えてもおいしいですよ。袋をいくつか用意していろいろな具の生地を湯せんすれば、バラエティ豊かなオムレツが一気に作れます！

1 ほうれん草はさっとゆでて水にさらし、ざく切りにする

2 卵、牛乳、塩・こしょうをポリ袋に入れて混ぜ合わせる

3 1と残りの材料を入れてさらに混ぜる

4 耐熱皿を敷いた鍋で15分程湯せんする

空気を抜いて袋の口を上の方でしばり、ポコポコと泡が出る程度の湯で湯せんする。

POINT
熱くなった鍋肌にポリ袋が当たると破れてしまうことがあるので、耐熱皿を沈めてその上に袋を乗せます。

袋ワザ調理のコツはP.39へ

袋ワザレシピ

2位

time 25分

ダイエットの味方を好きな味で！

しっとりやわらかサラダチキン

材料(2人分)

塩・こしょう … 各少々
お好みのドレッシング … 大さじ2

mako★memo

コンビニで大人気になったサラダチキン。自分で作れば、ドレッシングを変える事でいろんな味つけが楽しめます。ほぐしてバンバンジー風にするなど、アレンジもしやすいですよ。袋に溜まった汁は捨てずに、保存の時に一緒に入れておくとパサつきません。

1
鶏むね肉の表面をフォークで何か所か刺す

2
塩・こしょうをふってなじませる

3
ポリ袋に2とドレッシングを入れてよくもみ、湯せんする

空気を抜いて袋の口を上の方でしばり、耐熱皿を沈めた鍋で15分湯せんし、火を止める。湯が人肌に冷めるまで余熱で火を通す。

袋ワザ調理のコツはP.39へ

袋ワザレシピ

time 30分

短時間でも味はしっかり！

こっくり染みた筑前煮

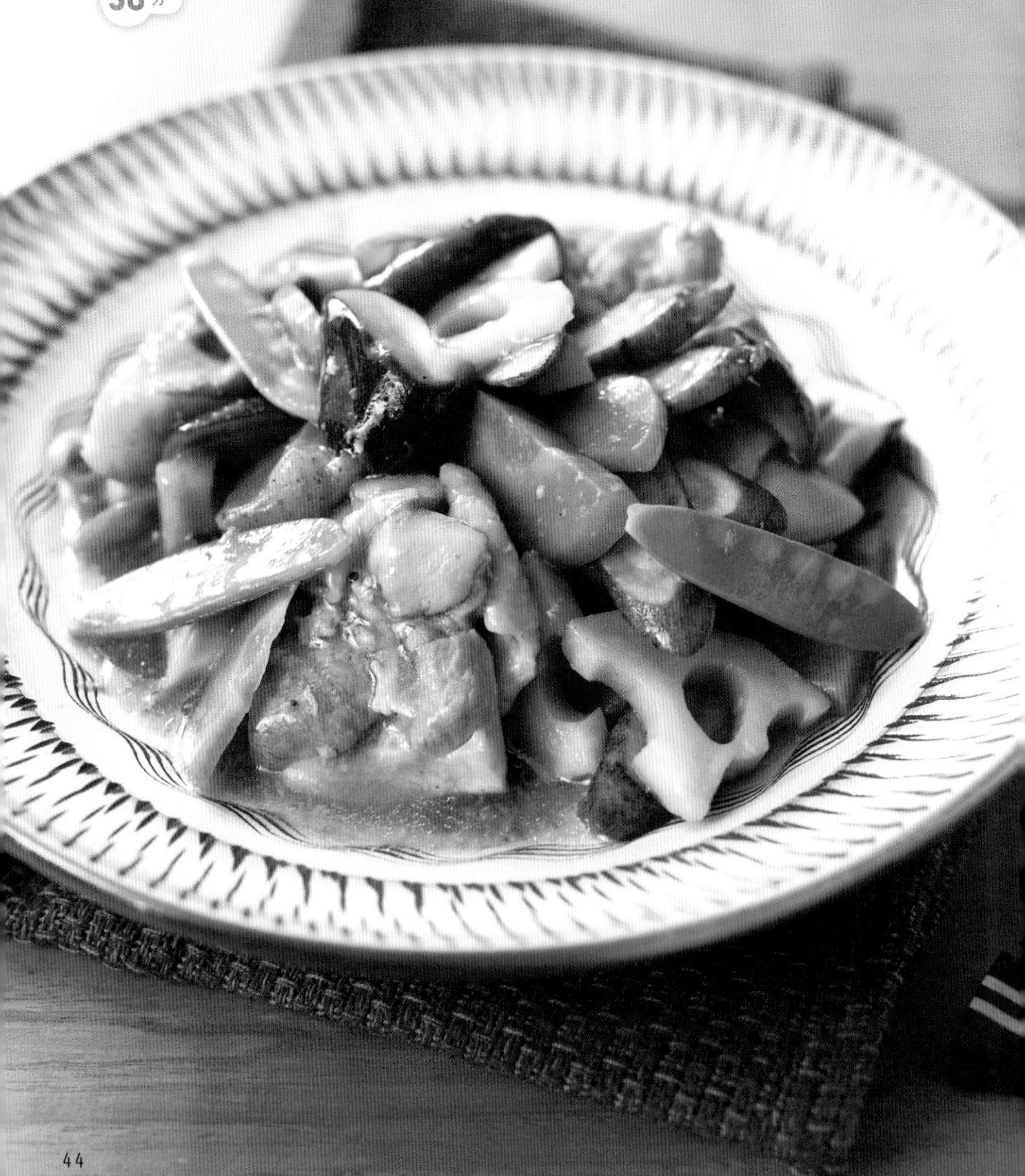

＋

しょうゆ … 大さじ1
砂糖 … 小さじ1
顆粒和風だし … 小さじ1
片栗粉 … 大さじ1/2
水 … 大さじ4
絹さや(あれば) … 少々

mako★memo

鍋で作るよりも短時間で仕上がるうえ、半真空状態で加熱することで味の入りも◎。根菜類などの硬い具材は薄めに切ることで、ほかの具材と同じ加熱時間でも火がしっかり通ります。少ない調味料で作れるので、塩分に気をつけている人にもおすすめ♪

1 ポリ袋にすべての材料を入れてよくまぜ、空気を抜いて袋の口を上の方でしばる

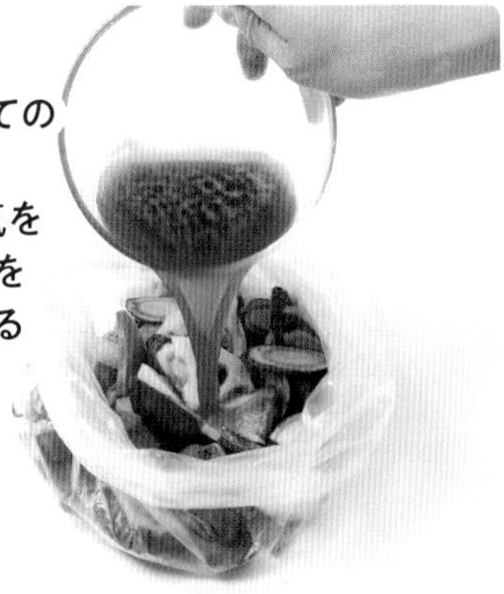

2 20分湯せんする

鍋の底に耐熱皿を沈め、その上に1を置いて湯せんする。

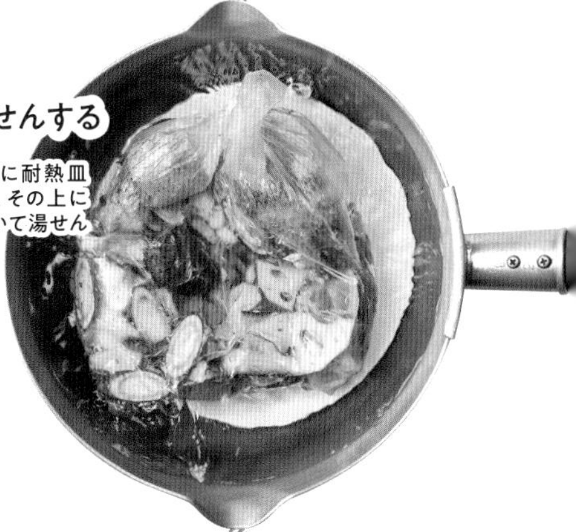

3 彩りがほしい時は、取り出す直前に絹さやを入れてさっとゆでる

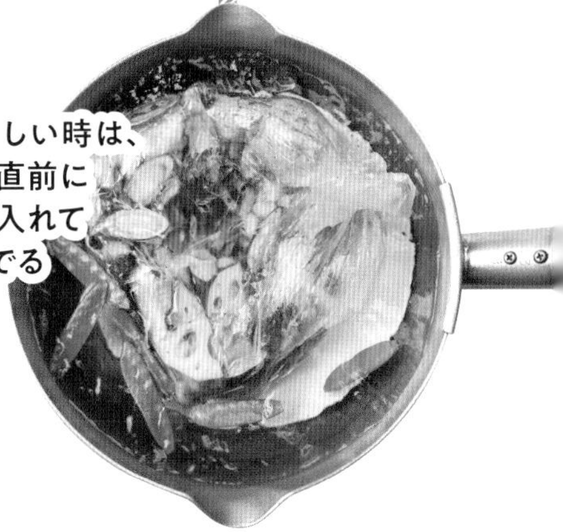

袋ワザ調理のコツはP.39へ

袋ワザレシピ　4位　time 20分

お手軽・定番 肉豆腐

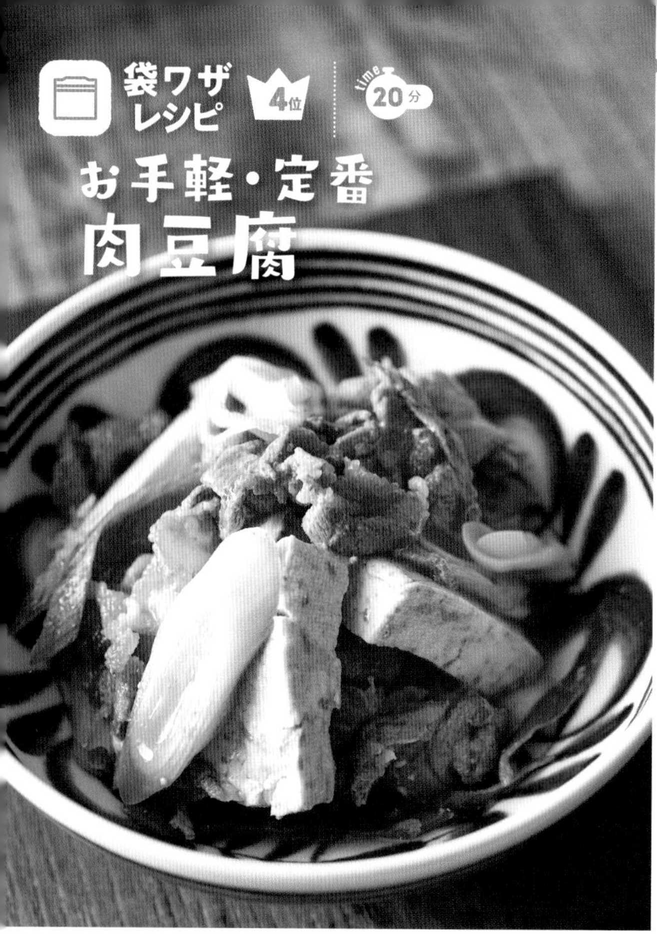

材料（2人分）

- 牛薄切り肉…150g
- 木綿豆腐…1/2丁（150g）6等分に切る
- 長ねぎ…1/2本（70g）斜め薄切り

＋

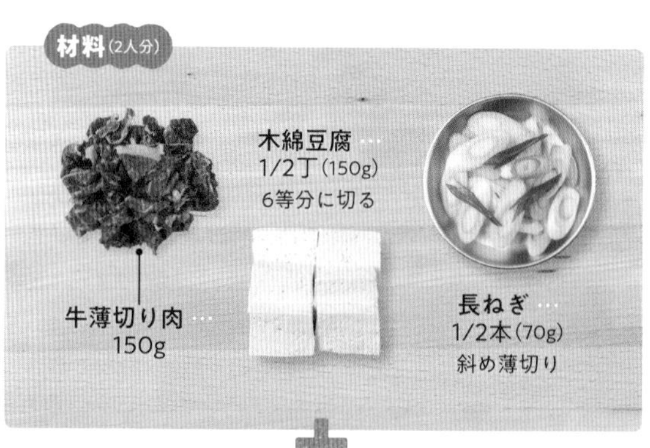

A
- しょうゆ…大さじ1と1/2
- 砂糖…大さじ1
- 水…大さじ2

1 ポリ袋に牛肉、長ねぎ、Aを入れてよく混ぜる

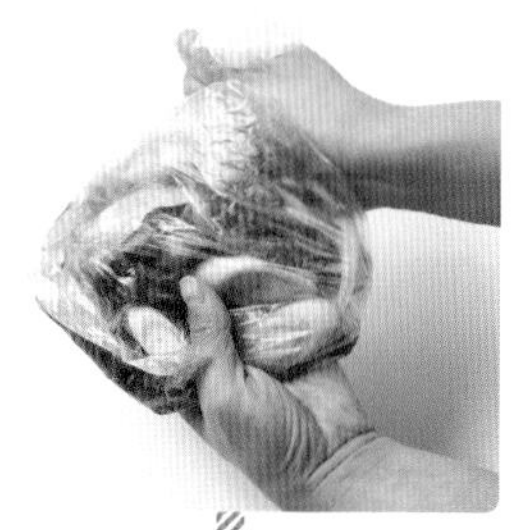

2 豆腐を1の上に並べるように入れ、空気を抜いて袋の口を上の方でしばる

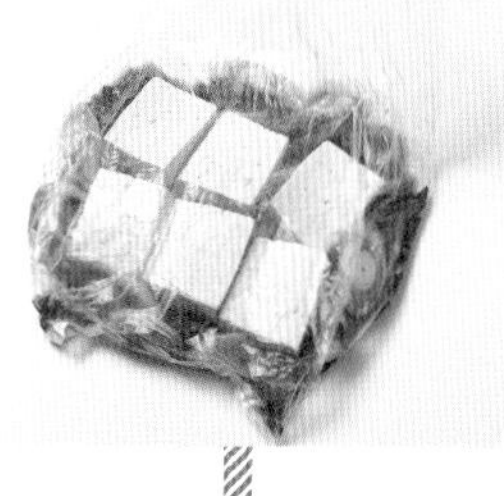

3 耐熱皿を沈めた鍋に豆腐を下にして入れ、15分湯せんする

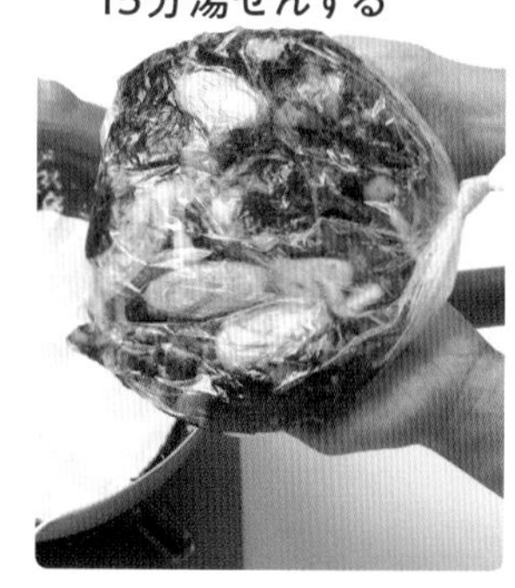

袋ワザレシピ　5位

time 3分　※凍らせる時間を除く

カンカン★フルーツ缶シャーベット

材料(2人分)

好みのフルーツ缶
(みかん、桃、フルーツミックスなど)…
1缶(360g)

ミント…10枚
手でちぎっておく

1 材料をすべて保存袋に入れ、さっと混ぜる

POINT
缶詰の汁ごと入れ、フルーツが大きい場合はここで軽くつぶします。袋の口はしっかり閉じましょう。

2 冷凍庫に入れ、8割固まったら取り出す

3 ふきんで包み、崩しながら混ぜる

袋ワザ調理のコツはP.39へ

まだある！ 何度もリピしちゃう

プチプチ食感も楽しい コーンバーグ

time 20分

材料（2人分）

- 牛ひき肉 … 200g
- コーン缶（汁気はきる）… 1個（140g）
- パン粉 … 大さじ4
- ウスターソース … 大さじ1
- 顆粒コンソメ … 小さじ1/2
- こしょう … 適宜

1. 保存袋またはポリ袋に材料をすべて入れてよく混ぜ、生地を平らにする。
2. 菜箸などで袋の上から押さえて2等分し、薄めに成形する。袋から出し、オーブントースターで約15分焼く。

冷凍する場合

保存袋で作り、成形した状態で冷凍庫へ。食べる時は袋から出してオーブントースターで約30分焼く。

炒めなくてもできる！ 袋チャーハン

time 5分

材料（2人分）

- ご飯（熱々のもの）… 茶碗2杯強
- カニカマ … 4本
- コーン缶（汁気は切る）… 1/2個（70g）
- 青ねぎ（小口切り）… 2本
- おろしにんにく … 小さじ1/4
- ごま油 … 大さじ1
- 鶏がらスープの素 … 大さじ1/2
- しょうゆ … 小さじ1
- こしょう … 少々

カニカマは細く切る。保存袋もしくはポリ袋に材料をすべて入れ、混ぜ合わせる。

冷凍する場合

保存袋で作り、空気を抜いて平らにして冷凍庫へ。食べる時は耐熱皿に移し、ふんわりラップをして電子レンジで8分（全量の場合）加熱する。

袋ワザレシピ

残業帰りにうれしい

ヤンニョムチキン

time 15分

材料（2人分）

手羽元 … 6本
コチュジャン … 大さじ1
ケチャップ … 大さじ2
ごま油 … 大さじ1
しょうゆ … 小さじ1
おろしにんにく … 小さじ1

1 保存袋またはポリ袋に材料をすべて入れ、よく混ぜ合わせる。

2 フライパンに1と水大さじ2（分量外）を入れてふたをし、弱火で8分程、肉に火が通るまで加熱する。ふたを取り、強火で水分を飛ばす。

冷凍する場合

保存袋で作り、袋の空気を抜き平らにして冷凍庫へ。食べる時は凍ったままフライパンに入れ、水大さじ4入れてふたをし、弱火で15分程加熱してからふたを取り、強火で水分を飛ばす。

ほんのりピリリ♪

れんこんと牛肉の辛子風味

time 10分

材料（2人分）

牛薄切り肉 … 150g
れんこん … 1/2節(100g)
しょうゆ … 大さじ1と1/2
みりん … 大さじ1
練り辛子 … 大さじ1/2

1 れんこんは皮をむいて5㎜厚さの半月切りにし、ほかの材料とともにポリ袋に入れて味が染み込むようによくもむ。

2 耐熱皿に入れてふんわりラップをし、電子レンジで5分加熱する。

冷凍する場合

保存袋で作り、袋の空気を抜き平らにして冷凍庫へ。食べる時は耐熱皿に入れてふんわりラップをし、電子レンジで8分（全量の場合）加熱する。

袋ワザ調理のコツはP.39へ

テクニック別 THE BEST③

ひとり分も楽チン！ 電子レンジ編

mako's セレクション ベスト5

ココがうれしい♪ 電子レンジ！

耐熱容器に材料を入れて、電子レンジにかけるだけで料理が完成。一人前からでも作りやすいので、夜食やパッと済ませたいママのひとりランチなど、使い勝手の良さはピカイチです。仕事で帰りが遅くなるという人も、朝、耐熱容器の中にセットしておけば、夜は温めるだけ。この手軽さはなによりもうれしいですよね！

※レシピは基本的に600Wで加熱しています。W数の変換表はP.25を参照してください。

電子レンジのコツ

耐熱容器のふたをずらしてのせる

しっとり仕上げるために加熱時は耐熱容器のふたをずらしてのせて。ぴったり閉めると破裂することがあります。ラップをふんわりかけてもOK。

様子を見ながら「追い加熱」

機種によって同じW数でも火の通り方が違うので、途中で様子を見ながら20〜30秒ずつくらい追い加熱をし、ちょうどいい仕上がりに。

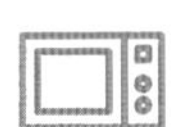

電子レンジレシピ 1位

time 15分

少ない材料でサッと！ 夜食にも◎

シンプル豚キムチうどん

材料（2人分）

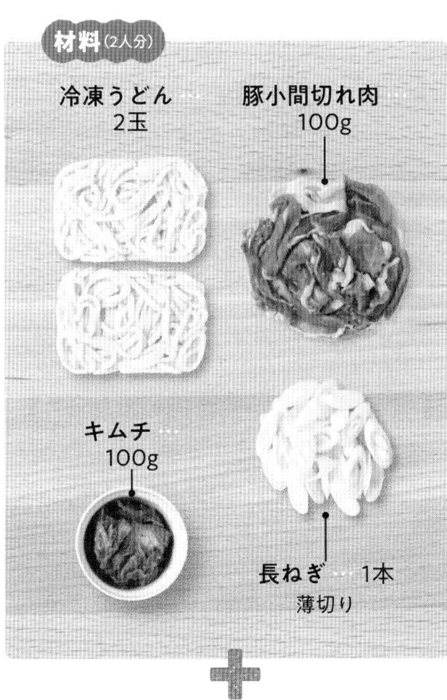

焼肉のタレ…大さじ2

mako★memo

準備としては、耐熱容器に材料を入れるだけ。チルド弁当のような感覚で扱えるので、遅くなる日の晩ご飯やお子さんへの作り置きご飯にも便利です。豚肉がない時は、ツナ缶でもおいしくできますよ。ボリュームもあるので食べざかりの子どもがいるママにはぜひ試してほしい一品です！

1

耐熱容器に冷凍うどん、豚肉、長ねぎ、キムチの順で入れる

2

焼肉のタレを回しかけ、容器のふたをずらしてのせ、10分加熱する

600Wで10分

3

取り出して全体をよく混ぜる

POINT

肉や野菜に火が通っていなければ、30秒ずつ追い加熱して。

電子レンジ調理のコツはP.51へ

電子レンジレシピ

2位

time 15分

韓国料理の定番を電子レンジで！

ごま油香るチャプチェ

材料（2人分）

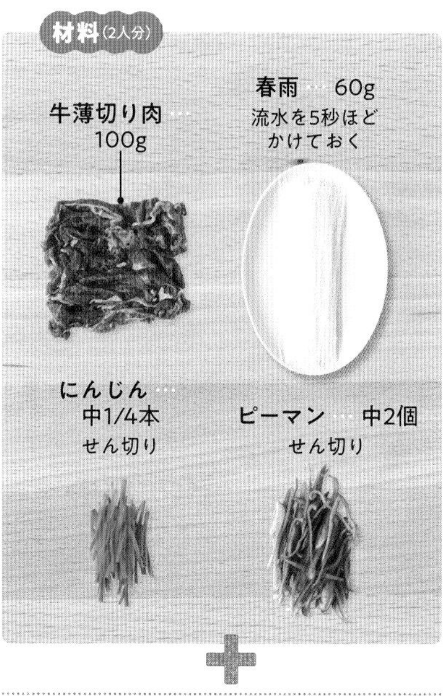

＋

A
- しょうゆ…大さじ1と1/2
- みりん…大さじ1
- オイスターソース…大さじ1
- ごま油…大さじ1
- 水…3/4カップ

mako★memo

春雨は水にぬらしてから電子レンジで加熱することでしっかり戻ります。はじめから調味料といっしょに加熱していくので、全体にムラなく味が入ります。普通に作るより圧倒的にラクなのにおいしいのがなによりのポイント。たけのこやしいたけを入れるのもおすすめです！

1 耐熱容器に春雨、にんじん、ピーマン、牛肉の順に入れる

2 混ぜ合わせておいたAを回しかけ、容器のふたをずらしてのせて5分加熱する

600Wで5分

3 一度取り出してかき混ぜ、ふたをせずにさらに1分加熱する

600Wで1分

4 全体をよく混ぜる

電子レンジ調理のコツはP.51へ

電子レンジレシピ

time 15分

のんびりしたい休日のランチに

ゆでないボロネーゼ

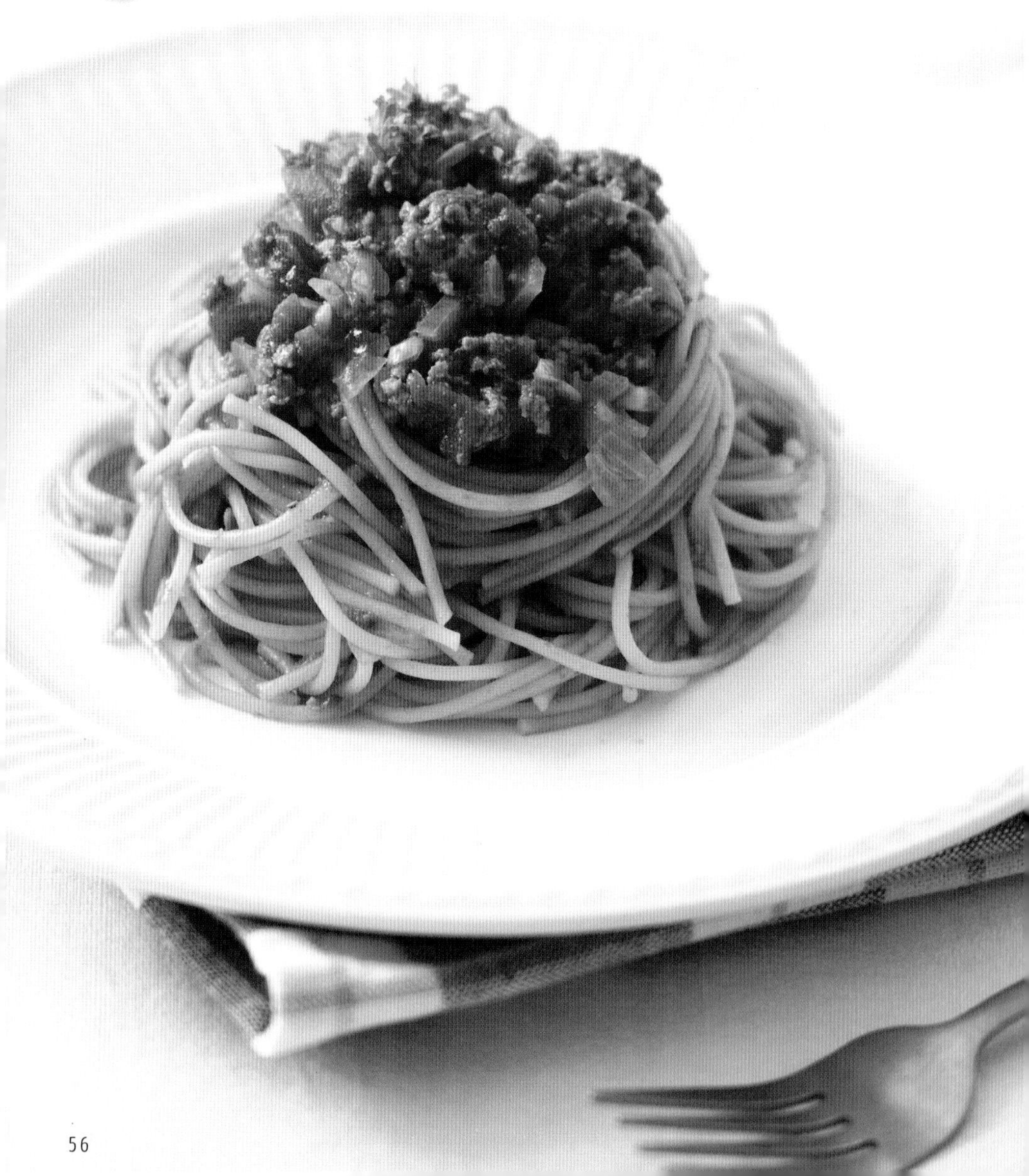

材料（2人分）

パスタ（5分ゆでのもの）…180g
半分に折る

カットトマト缶…1/2個（200g）

玉ねぎ…中1/2個
みじん切り

合びき肉…100g

＋

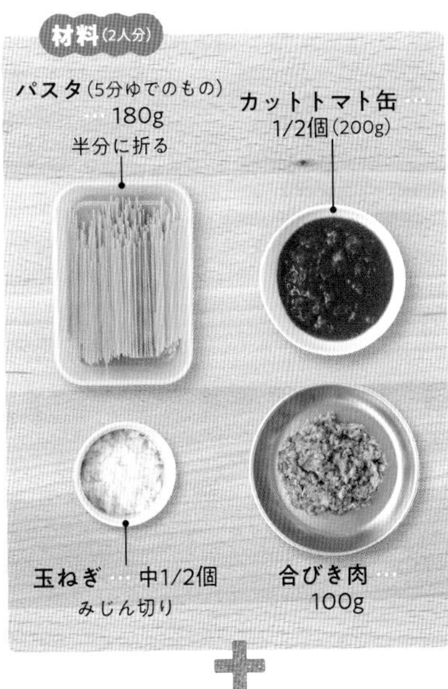

A
- おろしにんにく … 小さじ1
- ケチャップ … 大さじ1
- 中濃ソース … 大さじ1
- 顆粒コンソメ … 大さじ1
- 塩・こしょう … 各 少々
- 水 … 1と1/2カップ

mako★memo

ゆでるのが面倒なパスタも、電子レンジなら楽ちん！すべての材料を入れてチンするだけでおいしいボロネーゼが完成です。肉をツナ缶やベーコンに変更してもおいしいので、アレンジを楽しんでみてください。麺がのびやすいので、できたてをすぐ召し上がれ！

1 耐熱容器に材料を入れる

混ぜ合わせたAとトマト缶を入れ、パスタの間に水分が行き渡るようにまぜ、ほかの材料を入れる。

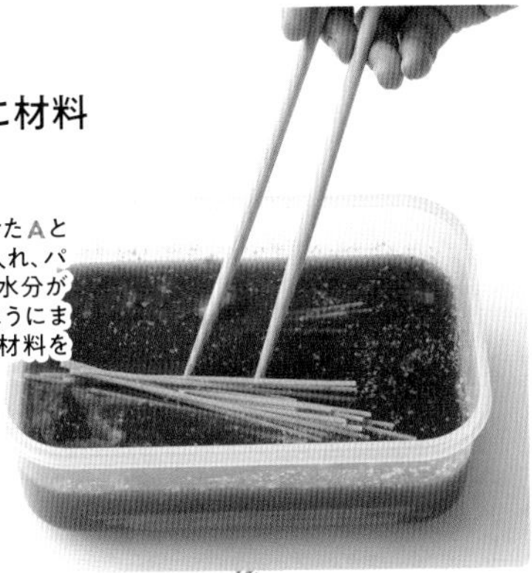

2 7分加熱してから混ぜ合わせる

容器のふたをずらしてのせて7分加熱し、一度取り出してパスタが固まらないようによく混ぜ合わせる。

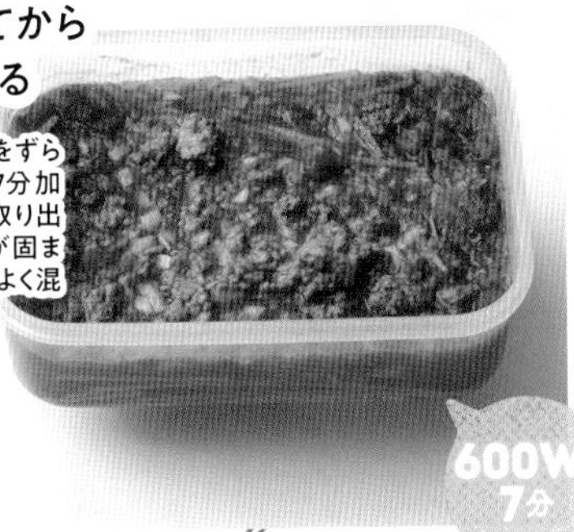

600Wで7分

3 再びふたをずらしてのせ、さらに3分加熱してよく混ぜる

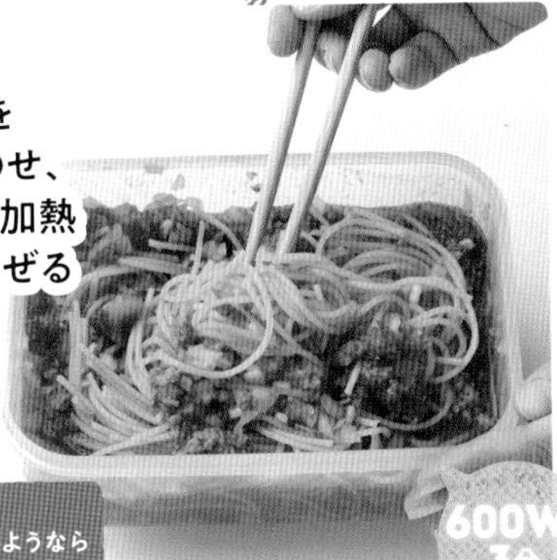

POINT
パスタが固いようなら30秒ずつ追い加熱して。

600Wで3分

電子レンジ調理のコツはP.51へ

電子レンジレシピ　4位　15分

スピード ハヤシライス

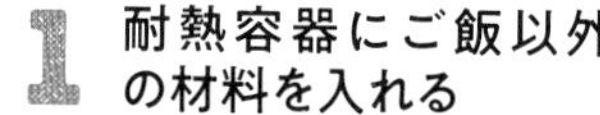

1 耐熱容器にご飯以外の材料を入れる

2 よく混ぜてから容器のふたをずらしてのせ、12分加熱する

3 取り出して軽く混ぜ、ご飯とともに盛る

材料（2人分）

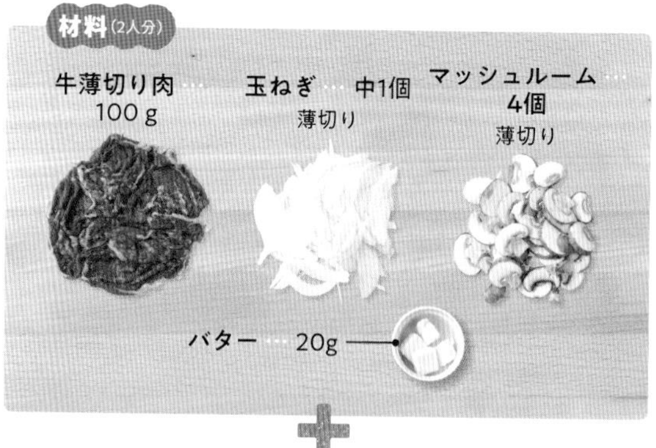

＋

ケチャップ…大さじ4
中濃ソース…大さじ4
水…1カップ
片栗粉…小さじ2
塩・こしょう…各少々

ご飯…適量

電子レンジレシピ 5位 time 15分

スタミナ満点★豚バラ蒸し

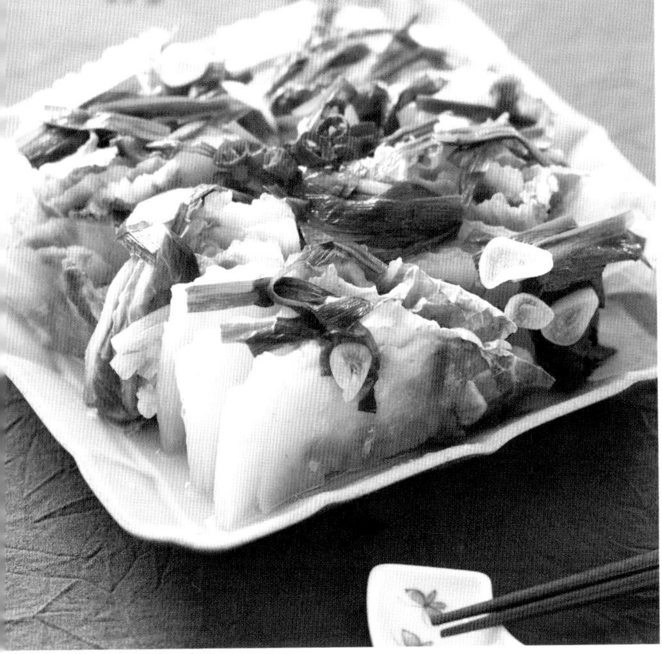

材料(2人分)

白菜…1/4玉(400g) 1枚ずつはがす

にら…1/4(25g) 4cm幅に切る

豚薄切り肉…6枚(140g)

にんにく…一片 薄切り

＋

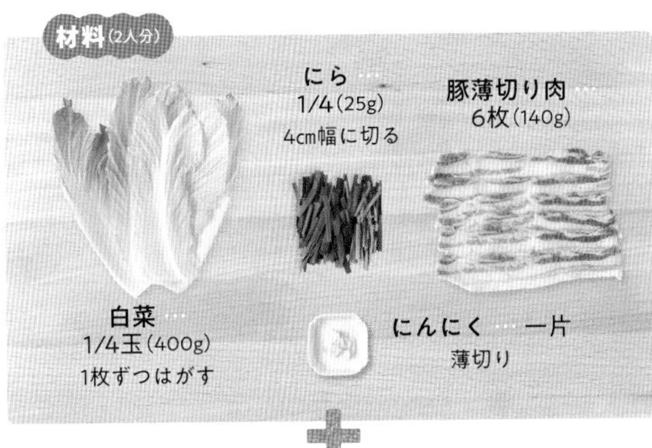

A
- ごま油…大さじ1/2
- 鶏がらスープの素…大さじ1/2
- しょうゆ…大さじ1/2
- 酒…大さじ1
- 水…3/4カップ

赤唐辛子(あれば)…少々

ポン酢しょうゆ(あれば)…適量

1 白菜と豚肉を重ねて切る

白菜、豚肉の順に3回重ねて5cm幅に切る。これもう一度繰り返し、白菜の余った部分はざく切りにする。

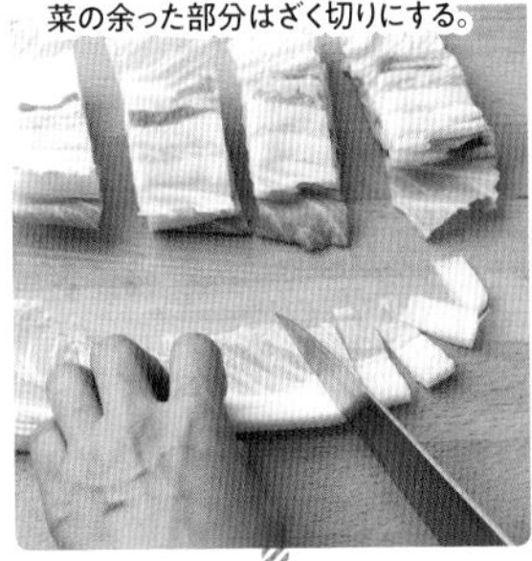

2 耐熱容器に隙間なく詰める

耐熱容器の底に1の余った白菜をまんべんなく敷き、その上に重ねて切った白菜と豚肉を詰める。

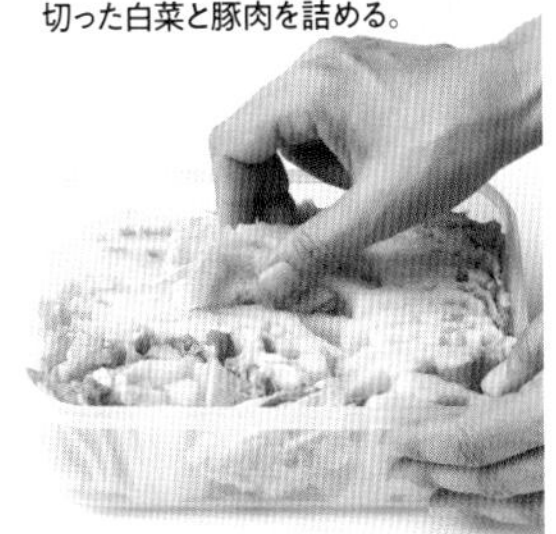

3 12分加熱する

にら、にんにく、Aを入れて容器のふたをずらしてのせ、12分加熱する。好みで赤唐辛子をちらし、ポン酢しょうゆをつけていただく。

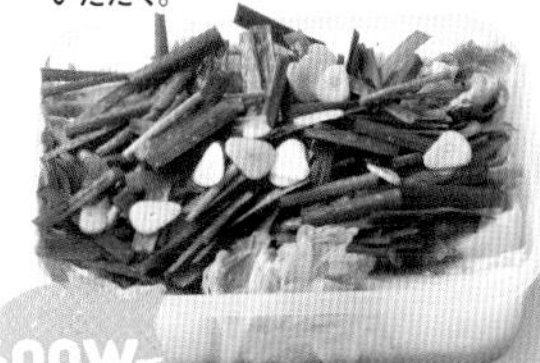

電子レンジ調理のコツはP.51へ

海鮮たっぷり! スンドゥブ

time 15分

材料(2人分)

豆腐 … 1丁(300g)
アサリ … 16粒
(アサリ缶詰でも可)
有頭エビ … 2匹
(むきエビでも可)
キムチ … 180g
にら … 1束
水 … 2カップ
コチュジャン … 大さじ1
鶏がらスープの素 … 小さじ1
ごま油 … 小さじ1

1. アサリは砂抜きをしておく。豆腐は食べやすく切る。にらは5cm幅に切る。
2. 材料をすべて耐熱容器に入れる。
3. 容器のふたをずらしてのせ、10分加熱する。

POINT
キャベツがかたければ30秒ずつ追い加熱して。

きのこのだしがやさしい もちちくわ鍋

time 15分

材料(2人分)

ちくわ … 4本
切り餅 … 2個
キャベツ … 2枚
まいたけ … 1/2パック(100g)
水 … 1カップ
白だし … 大さじ1
しょうゆ … 大さじ1
みりん … 大さじ1/2

1. ちくわは斜め半分に、キャベツは食べやすい大きさに切る。まいたけは石づきを取り、ほぐす。
2. 材料をすべて耐熱容器に入れる。
3. 容器のふたをずらしてのせ、6分加熱する。

電子レンジレシピ

韓国屋台の人気者

お餅のトッポギ

time 7分

材料（2人分）

切り餅…4個

A
- 酒…大さじ2
- 砂糖…大さじ1/2
- 水…大さじ2
- コチュジャン…大さじ1
- しょうゆ…小さじ1
- ごま油…小さじ1
- 白ごま…小さじ1

1 餅は縦に1cm幅に切る。Aをよく混ぜ合わせる。

2 耐熱容器に1を入れてよく絡ませる。

3 容器のふたをずらしてのせ、3分加熱する。

甘さ控えめで素朴な味

レーズン蒸しパン

time 10分

材料（2人分）

薄力粉…80g

ベーキングパウダー…小さじ1

レーズン…大さじ3

砂糖…大さじ2

牛乳…1/2カップ

サラダ油…大さじ1

1 ボウルに牛乳、砂糖、サラダ油を入れてよく混ぜる。

2 1にふるった薄力粉、ベーキングパウダー、レーズンを加え、よく混ぜ合わせる。

3 サラダ油（分量外）を塗った耐熱容器に2を入れ、容器のふたをずらしてのせ、3分半加熱する。

電子レンジ調理のコツはP.51へ

テクニック別 THE BEST ④

オールマイティートースター編

mako's セレクション ベスト5

ココがうれしい♪ トースター

トースターのいいところは、火力が強くて上下から加熱するため、短時間で調理できること。また、焼く、揚げる、蒸すと、調理方法も意外にオールマイティーなんです。特に揚げ物は、少ない油でカリッと仕上がってヘルシー。エビフライやホイル焼きを作りながらもう一品……ということもできるので、お弁当作りにも活躍します！

※レシピは基本的に1000Wで加熱しています。

トースター調理のコツ

こげそうな時は アルミ箔をかぶせる

短時間で高熱になり、熱源と料理が近いのでこげてしまうことも。いい焼き色になったらアルミ箔をかぶせると、それ以上こげません。

料理を入れる前に 余熱しておく

トースターも余熱しておくと、庫内の温度が一定になり、焼きムラを防ぐことができます。準備している間に3分くらい温めておけばOK！

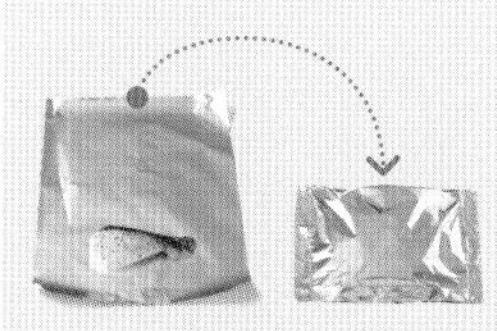

ホイル包みは食材の 倍+αのアルミ箔で

食材を置いて、倍と少しの余裕がある長さにカット。縦の端を合わせるように折り、左右、下を2回ずつ折ると汁漏れしにくく、熱も逃げません。

トースターレシピ

1位

time 15分

マヨネーズがサクうまの秘密♪

揚げないエビフライ

材料（2人分）

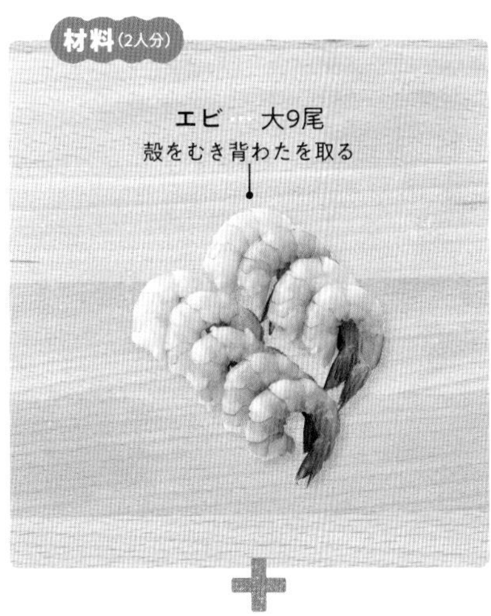

マヨネーズ … 大さじ2
パン粉 … 適量
オリーブオイル … 大さじ1

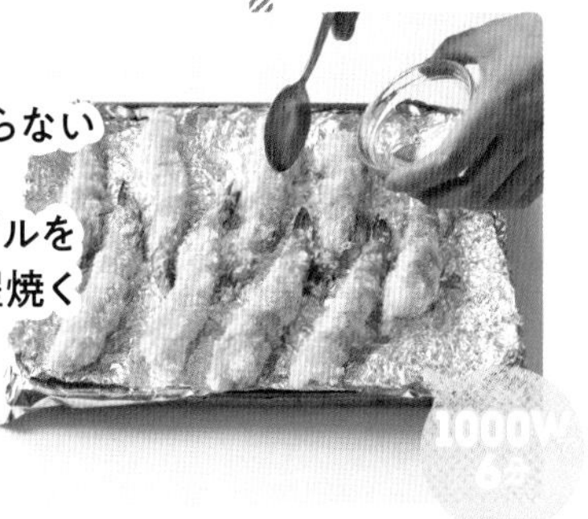

mako★memo

マヨネーズを絡めることで、油、卵、下味の3つをまとわせます。油で揚げるよりヘルシーですし、揚げ物なのに放っておいてもできあがるのが画期的ですよね♪ 同じ調理方法で、エビの代わりにアスパラなどの野菜でも作れるので試してみてください。

1
ハサミでエビのおなか側に切り込みを入れる

BEST！
こうするとえびが丸まりません！

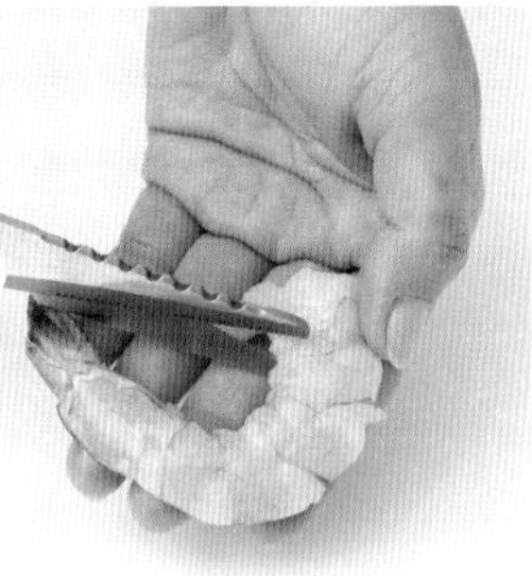

2
ポリ袋に1とマヨネーズを入れてよくあえる

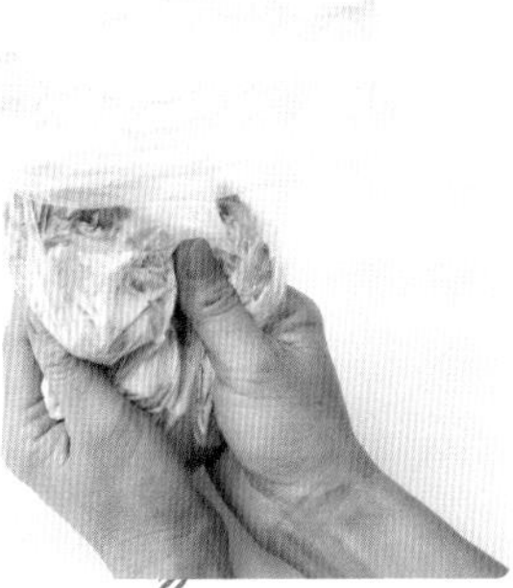

3
2にパン粉をまぶす

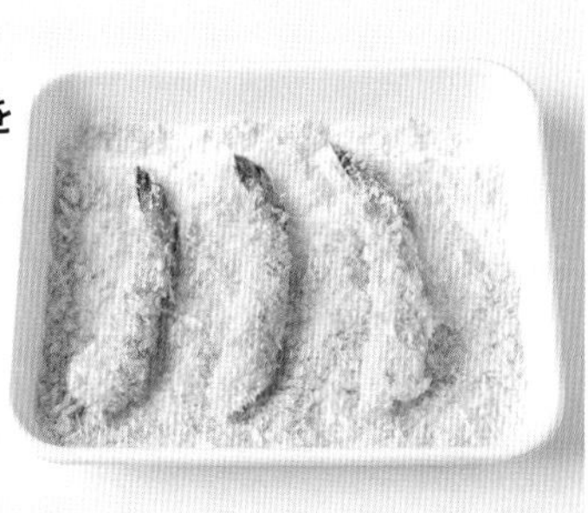

4
天板に重ならないように並べ、オリーブオイルをかけて6分程焼く

1000W 6分

トースター調理のコツはP.63へ

トースターレシピ

2位

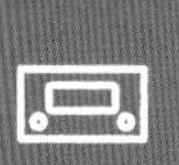

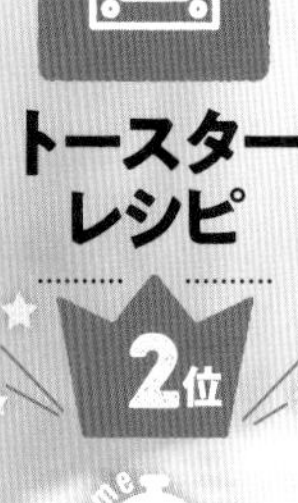

time 40分

エキゾチックなタイ風焼き鳥をおうちで

お手軽ガイヤーン

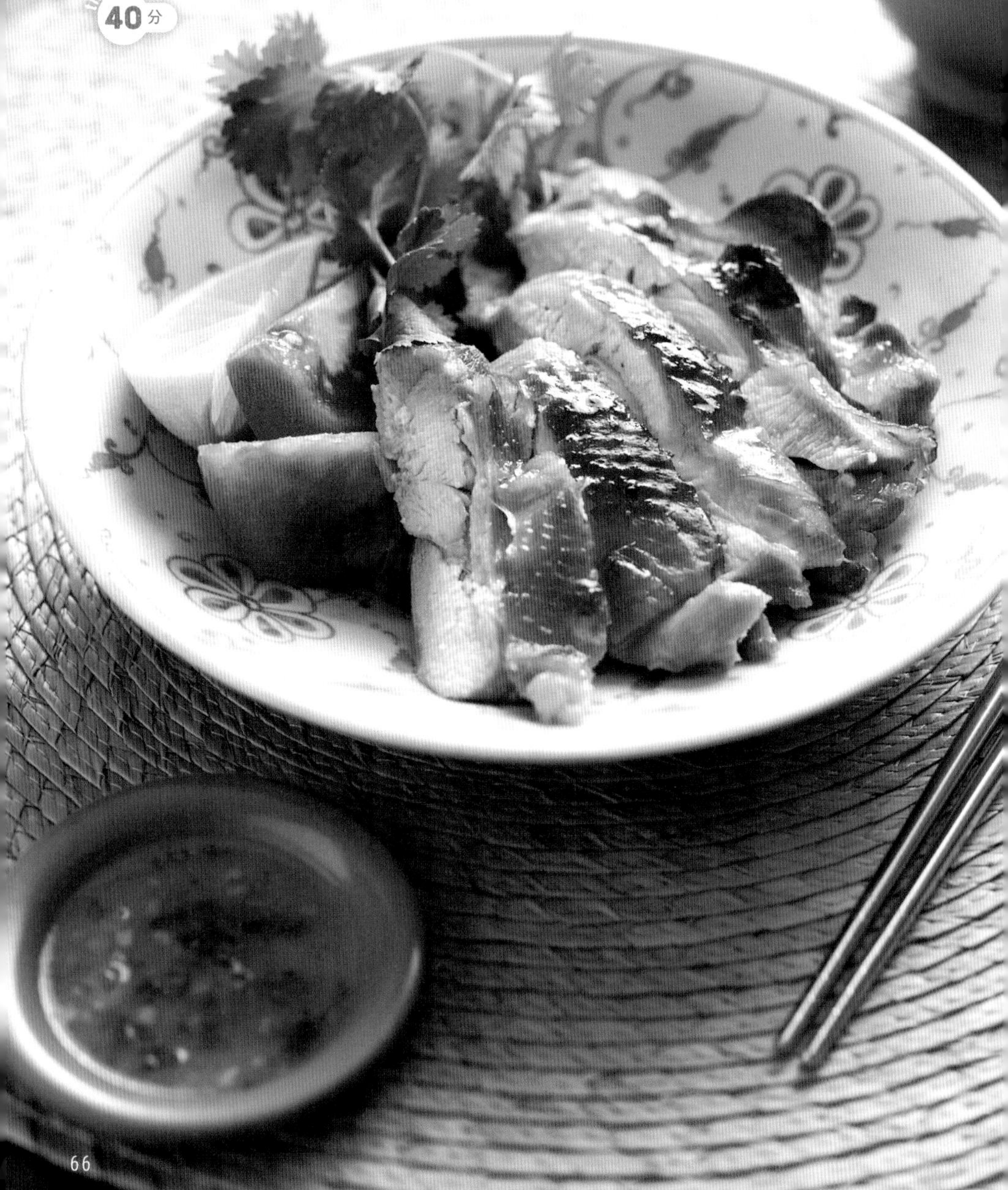

材料(2人分)

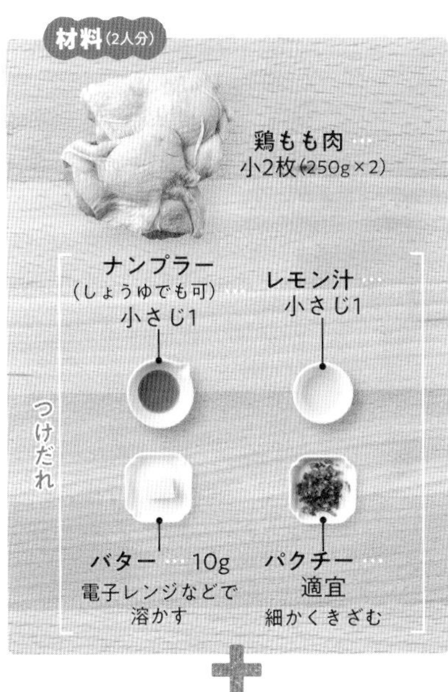

A
- ナンプラー(しょうゆでも可)…小さじ1
- オイスターソース…小さじ1
- おろしにんにく…小さじ1/2
- ココナツミルク(豆乳でも可)…大さじ1
- 砂糖…小さじ1
- 塩・こしょう…各少々

mako★memo

身近な調味料で作ることができ、味も本格的! 時間がある時は、Aの調味料に漬けて一晩おくとさらに味が染みこんでおいしいですよ。オイスターソースとナンプラーを1:2で混ぜたタレを仕上げに塗れば、照りと味の深みが一段とアップします。

1 ポリ袋に鶏肉とAを入れてよく混ぜ合わせ、10分以上なじませる

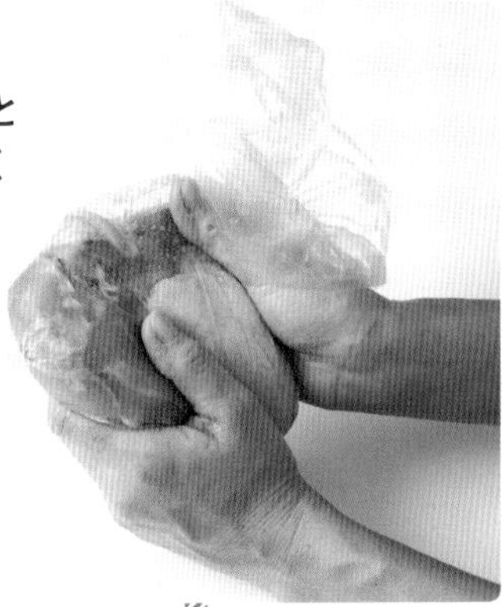

2 皮目を上にして天板にのせ、25分程、こんがりと焼く

1000W 25分

POINT こげそうになったらアルミ箔をかぶせて

3 2をハサミで食べやすく切って皿に盛る。お好みで混ぜ合わせたつけだれを添える

トースター調理のコツはP.63へ

トースターレシピ

3位

time 15分

玉ねぎの甘みとマヨのコクがマッチ♡

白身魚の玉ねぎマヨホイル焼き

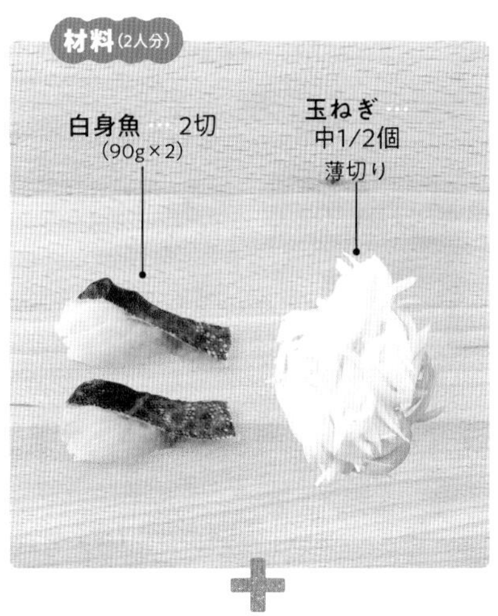

A［マヨネーズ…大さじ2
　 みりん…大さじ1/2
塩・こしょう…各少々

mako★memo

給食で好きだったメニューを再現しました。魚が苦手なお子さんもこれなら食べやすいと思いますよ。タラ、サワラ、カラスガレイなど、白身魚ならなんでもOkなので、手に入った魚で試してみてください。玉ねぎの代わりに長ねぎにしても意外なおいしさ！

1
魚に塩・こしょうをふる

2
玉ねぎとAを混ぜ合わせ、アルミ箔に広げる

3
2の上に1をのせて包み、10分ほど焼く

1000W 10分

トースター調理のコツはP.63へ

トースターレシピ 4位 time 15分

ゆずこしょうが決め手の ぶり竜田

1 ポリ袋にAを入れてよく混ぜる

2 ぶりは食べやすい大きさにはさみで切り、1に入れる

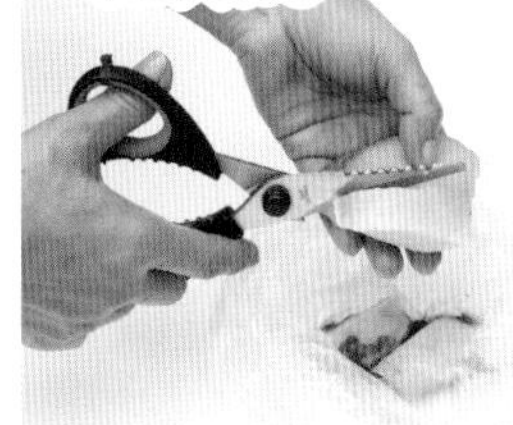

3 2をもみ込み、片栗粉をまぶす

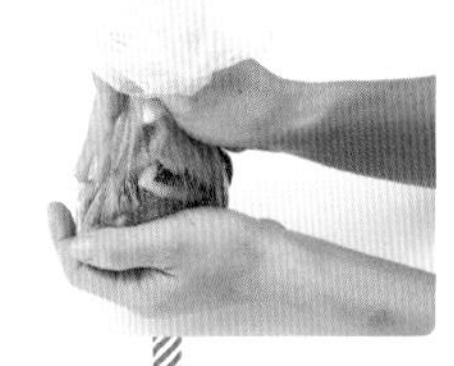

4 天板に並べてごま油をまんべんなくかけ、焼き色がつくまで8分程焼く

材料(2人分)

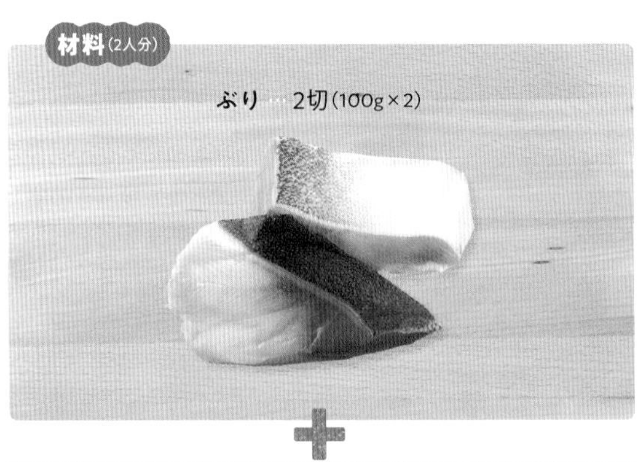

ごま油…大さじ1
片栗粉…適量

A
- ゆずこしょう…小さじ1
- しょうゆ…小さじ1
- みりん…小さじ2

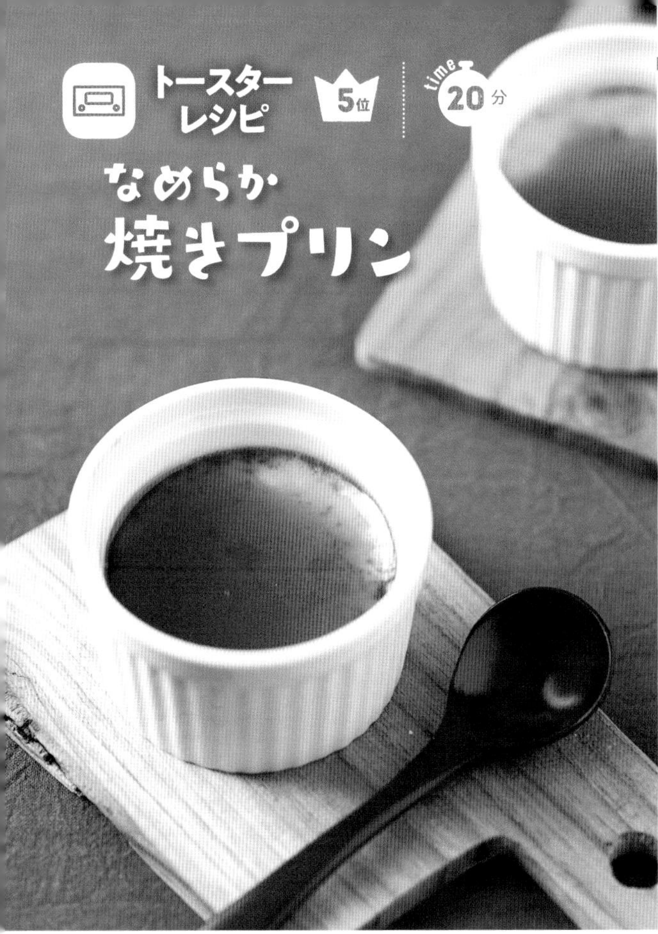

トースターレシピ 5位 time 20分

なめらか焼きプリン

材料(2人分)

卵…1個

牛乳…3/4カップ

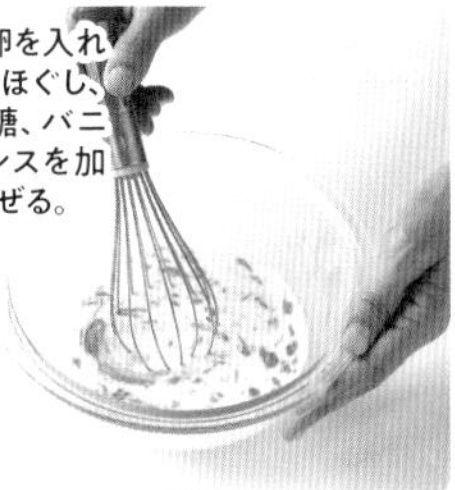

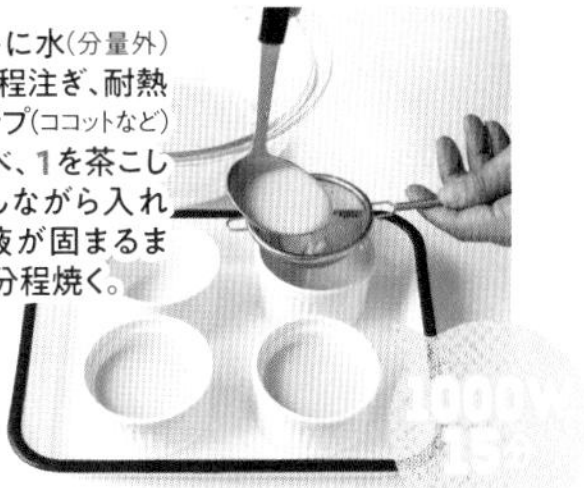

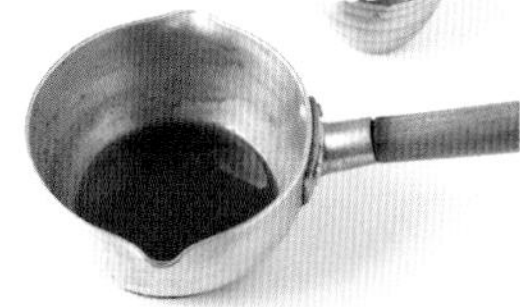

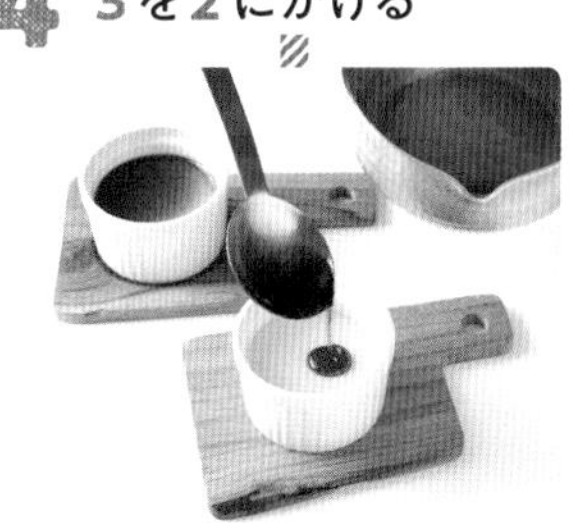

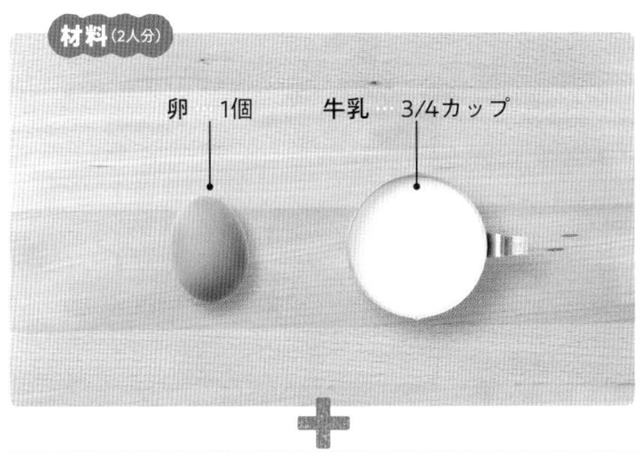

砂糖…大さじ1と1/2

バニラエッセンス(あれば)…少々

カラメルソース

- 砂糖…大さじ2
- 水…大さじ1

足し水…大さじ1

1 プリン生地を作る

ボウルに卵を入れてよく溶きほぐし、牛乳、砂糖、バニラエッセンスを加えてよく混ぜる。

2 水を張ったバットに並べて焼く

バットに水(分量外)を1cm程注ぎ、耐熱のカップ(ココットなど)を並べ、1を茶こしでこしながら入れる。液が固まるまで15分程焼く。

3 カラメルソースを作る

小鍋にカラメルソースの材料を入れて弱火にかけ、濃いあめ色になるまで加熱する。火から外し、足し水をそっと回し入れて混ぜ合わせる。

4 3を2にかける

トースター調理のコツはP.63へ

まだある！ 何度もリピしちゃう

秋の恵みがギュッ

なすときのこのポン酢おろし

time 15分

材料(2人分)

なす … 中2本
しめじ … 1株(100g)
大根おろし … 大さじ2
ごま油 … 大さじ1
塩 … 少々
ポン酢しょうゆ … 大さじ1
葉ねぎ(あれば) … 少々

1. なすはヘタを落とし、縦に6等分に切る。しめじは石づきを取ってほぐす。
2. 天板に1を並べ、塩とごま油をふる。
3. なすが柔らかくなるまで8分程焼く。
4. 軽くしぼった大根おろしとポン酢しょうゆをあえて3にのせ、お好みでねぎをちらす。

裏ごしいらずで楽チン♪

スイートポテト

time 20分

材料(2人分)

さつまいも … 1本(200g)
生クリーム … 大さじ4
砂糖 … 大さじ2
塩…少々
卵黄…適量

1. さつまいもはキッチンペーパーで包んで水で湿らせ、ラップで包み、電子レンジ600Wで1分、200Wで10分程加熱し、やわらかくする。粗熱が取れたら皮をむく。
2. ポリ袋に1、生クリーム、砂糖、塩を入れて滑らかになるまでもむ。
3. 食べやすい大きさに成形してアルミカップに乗せ、溶いた卵黄を塗り、焼き色がつくまで8分程焼く。

BEST！ さつまいもは600Wと200Wで加熱することでゆっくり火が通り、甘くなります。

トースターレシピ

きのこ尽くし!
サケのホイル焼き
time 15分

材料(2人分)

塩ザケ … 2切(130g×2)
まいたけ … 1パック(100g)
えのきだけ … 1袋(100g)
大葉 … 6枚
こしょう … 少々
酒 … 大さじ1
A しょうゆ … 小さじ1
　めんつゆ … 小さじ1

1 まいたけとえのきだけは石づきを取り、ほぐす。サケはこしょうをふる。大葉はせん切りにする。
2 アルミ箔にきのこ、サケの順に重ね、酒をふりかけ、しっかりと包んで15分程焼く。
3 包みを開いてAを合わせたものをかけ、大葉をちらす。

薬味たっぷりがうれしい
こんがり厚揚げ
time 10分

材料(2人分)

厚揚げ … 2枚
みょうが … 1個
万能ねぎ … 2本
A おろししょうが … 小さじ1/2
　しょうゆ … 小さじ2

1 厚揚げはトースターで焼き色がつくまで焼く。
2 みょうがはせん切り、万能ねぎは小口切りにし、Aと混ぜ合わせる。
3 1に2をかける。

トースター調理のコツはP.63へ

テクニック別 THE BEST ⑤

直火の実力 フライパン編

mako's セレクション ベスト5

ココがうれしい♪ フライパン！

焼き色や香ばしさなどを演出しやすいのがフライパン調理の大きな魅力。電気調理器具よりも火力が強いので、加熱時間も比較的短くすみます。今回は、最初に油も食材も入れてから火をつける「コールドスタート」で調理しているので、こげつきなどの失敗も少ないと思います。また、低温からゆっくり火を通すことにより、肉や魚はしっとり、野菜は甘みがアップします！

フライパンのコツ

コールドスタートで失敗知らず!

食材を入れてから火をつける「コールドスタート」なら、こげたり油跳ねしたりしなくて安心。ゆっくり火が通って仕上がりもジューシー!

お肉がくっつかない加工のものがベター

コールドスタートだと、フライパンに肉や魚がくっついてしまうことも。テフロンなど、加工が施してあるフライパンを選ぶのがおすすめ。

調味料は最初に計量しておく

火が通り始めると、スピード勝負になりがちなフライパン調理。調味料はあらかじめ計量しておくと、途中で焦らずスムーズです。

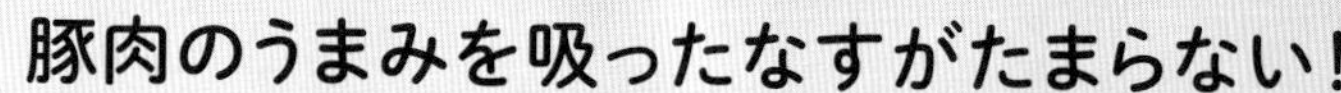

豚肉のうまみを吸ったなすがたまらない！

フライパンレシピ

1位

10分

腹ぺこさんの豚なすみそ炒め

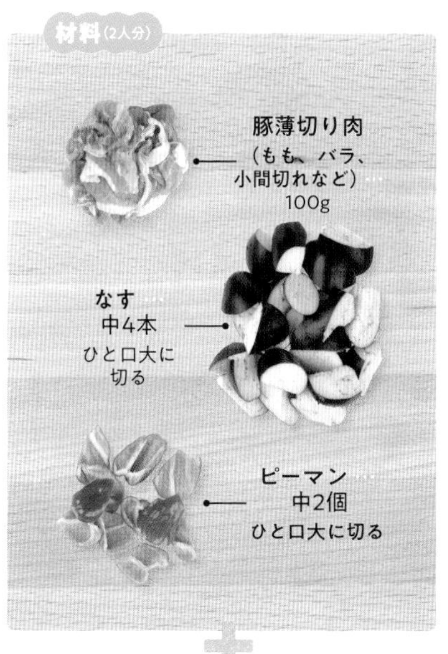

ごま油…大さじ1

A
- みそ…大さじ2
- みりん…大さじ2
- 酒…大さじ1
- 砂糖…小さじ1
- オイスターソース…小さじ1

mako★memo

サッとできるのにボリュームもあって、子どもから大人まで大好き！私の家でも家族に人気の一品です。パプリカを入れたり、豚肉を鶏肉に変えたりと同じ味つけで応用が利くので、調味料さえ覚えておけばいろいろと役立ちます。

フライパン調理のコツはP.75へ

大きめ野菜で食感アップ！

本格ガパオライス

フライパンレシピ

2位

time 10分

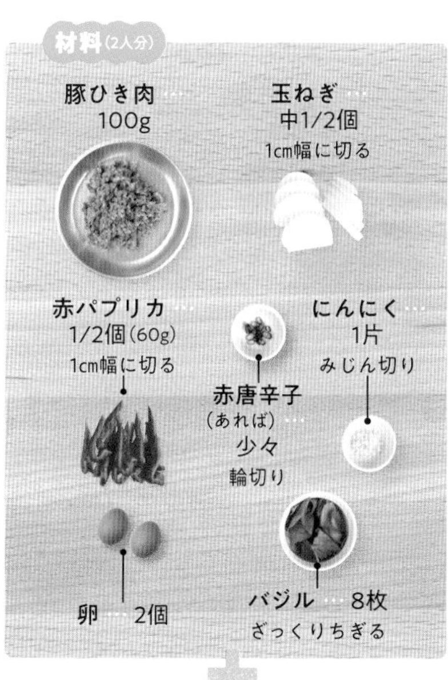

サラダ油……小さじ1

A
- ナンプラー（しょうゆでも可）……小さじ2
- ウスターソース……小さじ1
- オイスターソース……小さじ1
- 酒……大さじ1

ご飯……適量

mako★memo

凝っているように見えますが、サッと炒めるだけなので時間のない時にもおすすめ！　ちょっとエスニックな味つけとカラフルな彩りが食欲をそそります。インゲンやピーマンなど、意外とどんな野菜でも合う味なので、季節の野菜を入れるのもいいですよ。

1 フライパンに薄くサラダ油を引き、目玉焼きを作る

2 具を炒める

1を皿に取り出し、同じフライパンににんにく、豚ひき肉、玉ねぎ、パプリカ、お好みで赤唐辛子を入れ、サッと炒める。

3 肉の色が変わったらAとバジルを加えて炒め合わせ、ご飯、1とともに盛る

フライパン調理のコツはP.75へ

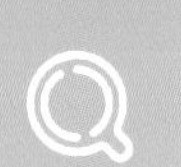

フライパンレシピ 3位

time 20分

玉ねぎのうまみと牛肉のコクが絶品

ビーフストロガノフ

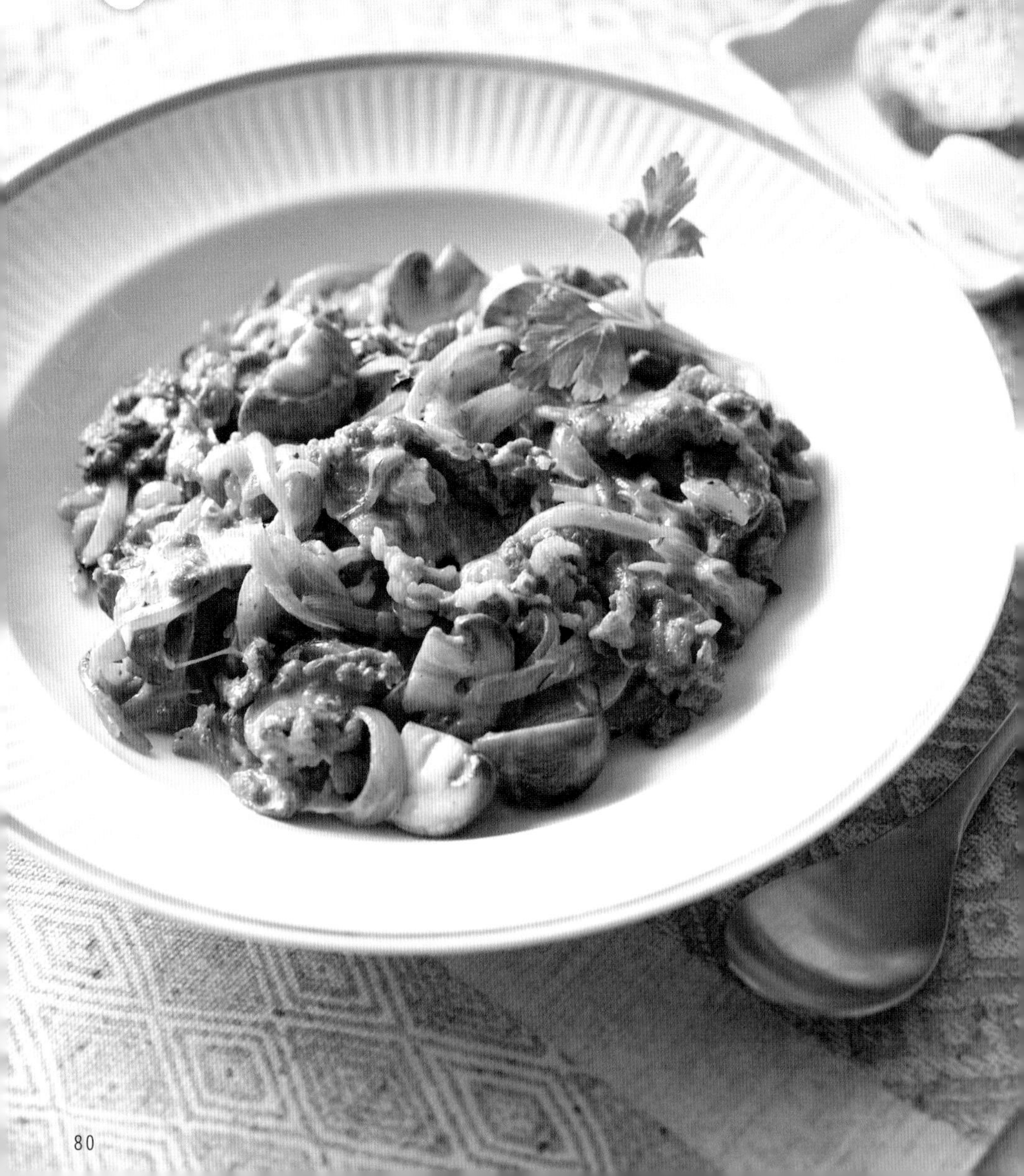

塩・こしょう … 各少々
薄力粉 … 大さじ1
顆粒コンソメ … 大さじ1/2
水 … 1/2カップ

mako★memo

ロシア料理の一つ、ビーフストロガノフ。ハヤシライスに似ていますが、ご飯にかけずにそのままでもおいしくいただけます。バゲットを添えてワインのお供にするのが私のおすすめ。少し時間はかかりますが、玉ねぎはあめ色になるまでじっくり炒めて。うまみが絶品ですよ！

1
フライパンにバター、玉ねぎ、マッシュルームを入れ、あめ色になるまで炒める

2
塩・こしょうをふり、薄力粉をまぶした牛肉を加えて炒める

3
肉の色が変わったら、コンソメと水を入れる

4
とろみが出るまで煮込み、サワークリームを加える

フライパン調理のコツはP.75へ

フライパンレシピ　4位　time 15分

ワインがすすむ サルティンボッカ

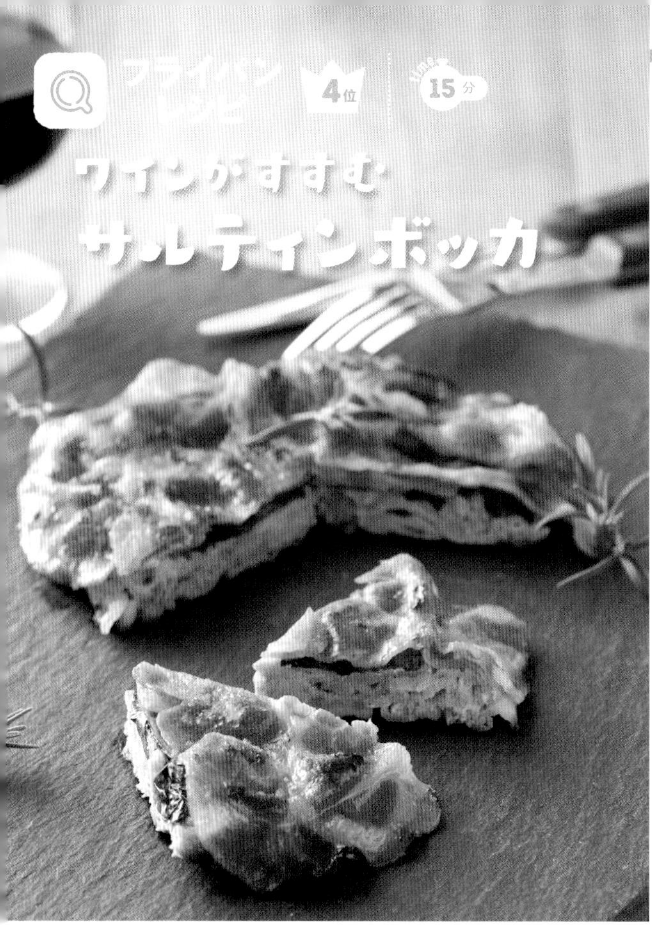

材料（2人分）

生ハム …5枚
豚肩ロース薄切り肉 …150g
バジル …10枚

＋

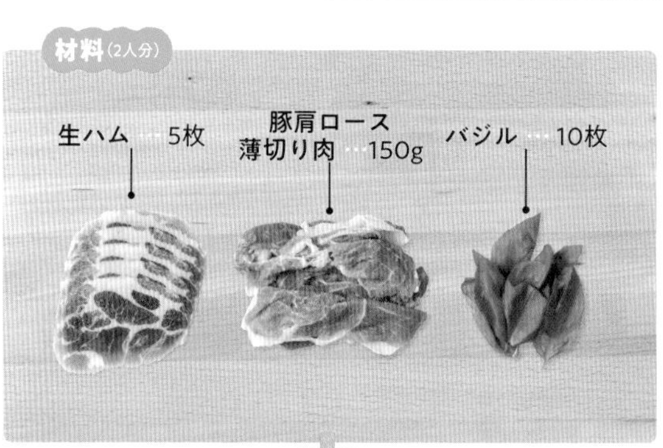

薄力粉 … 適量
オリーブオイル … 大さじ1/2
塩・こしょう … 各少々

1 フライパンに軽く薄力粉をふる

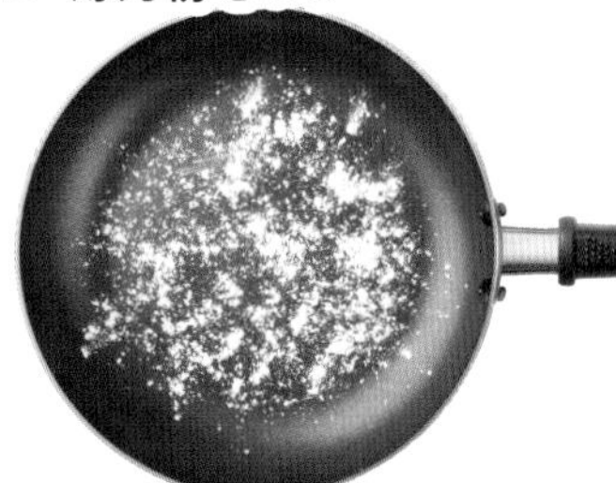

2 豚肉、塩・こしょう、バジル、生ハムの順に重ねる。

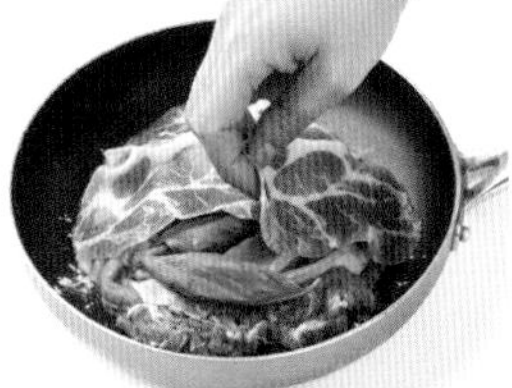

3 鍋肌からオリーブオイルを垂らして火にかけ、5分程焼く

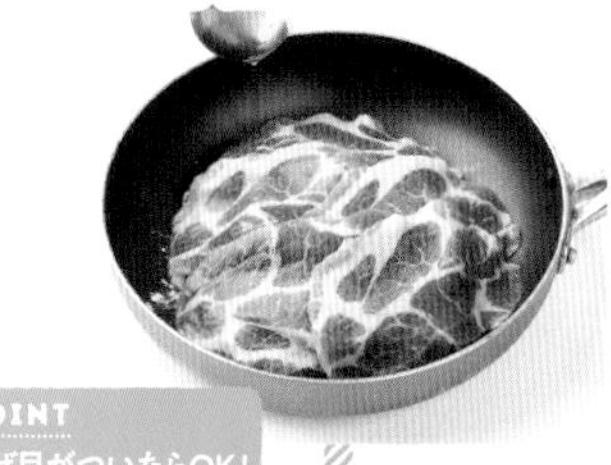

POINT
こげ目がついたらOK!

4 薄力粉を軽くふり、返して、さらに5分程焼く

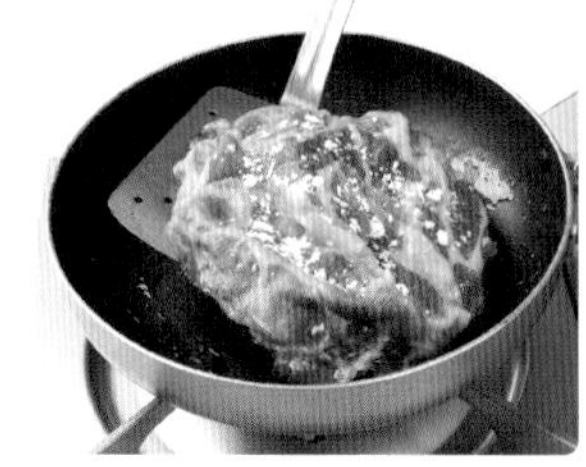

5位 time 10分

まろやか鶏マヨ

1 鶏肉を包丁の背でたたく

2 1に塩・こしょうをして片栗粉をまぶす

3 フライパンに2とごま油を入れて両面こんがり焼く

4 スナップえんどうを入れ、サッと炒めたらAを入れてさらに炒め合わせる

材料(2人分)

鶏むね肉 … 1枚(300g) 削ぎ切り

スナップえんどう … 10本 筋を取る

A
- マヨネーズ … 大さじ2
- 水 … 大さじ2
- みりん … 大さじ1
- 酢 … 小さじ1
- オイスターソース … 小さじ1

塩・こしょう … 各 少々
片栗粉 … 適量
ごま油 … 大さじ1/2

フライパン調理のコツはP.75へ

野菜もたっぷりとれる!

サケ南蛮

time 10分

材料(2人分)

サケ … 2切れ(90g×2)
ピーマン … 中2個
にんじん … 中1/4本
片栗粉 … 適量
塩・こしょう … 各少々
ごま油 … 大さじ1/2

A
しょうゆ … 大さじ1
酒 … 大さじ1
酢 … 大さじ1
水 … 大さじ3

1 ピーマン、にんじんは細めのせん切りにする。
2 サケに塩・こしょうをし、片栗粉を薄くまぶしてごま油をひいたフライパンで両面をこんがりと焼く。
3 2に1とAを加え、沸騰したら火を止める。

バルの味を再現

ガーリックシュリンプ

time 10分
※寝かせる時間は除く

材料(2人分)

エビ … 大12尾
バター … 10g

A
にんにく(みじん切り) … 2片
オリーブオイル … 大さじ1と 1/2
塩 … ひとつまみ
こしょう … 少々

1 エビは背わたと殻を取る。
2 1とAをポリ袋に入れてよくもみ込み、30分程冷蔵庫で寝かせる。
3 フライパンに2を入れ、強めの中火で両面をサッと焼く。
4 焼き色がついたらバターを入れてサッと炒め合わせる。

フライパンレシピ

白いご飯と黄金コンビ！

しょうが焼き

time 5分

材料（2人分）

豚小間切れ肉 … 200g
玉ねぎ … 中1個
薄力粉 … 大さじ1
サラダ油 … 小さじ1

A
おろししょうが … 大さじ1
酒 … 大さじ2
みりん … 大さじ2
しょうゆ … 大さじ2

1 豚肉に薄力粉をまぶす。玉ねぎはくし形切りにする。

2 薄く油を引いたフライパンに1を入れ、玉ねぎがしんなりするまで炒める。

3 肉に火が通ったらAを入れて炒め合わせる。

韓国風の一品

牛肉とにんにくの芽の炒め物

time 5分

材料（2人分）

牛薄切り肉 … 150g
にんにくの芽 … 100g
ごま油 … 小さじ1

A
焼肉のたれ … 大さじ2
コチュジャン … 大さじ1/2
酒 … 大さじ1/2

1 にんにくの芽は4cm幅に切る。Aは合わせておく。

2 牛肉とにんにくの芽をごま油で炒める。

3 肉の色が変わったらAを入れて炒め合わせる。

フライパン調理のコツはP.75へ

お弁当作りが楽になる！
作り置きおかず

作り置きの魅力って？

保存が利くから休日にまとめて作れる

濃いめに味つけするお弁当おかずこそ作り置きに向いています。まとめて作ることで材料のロスもなく経済的！

朝詰めるだけでお弁当が完成

作り置きおかずがあれば、慌ただしい朝もあっという間にお弁当が完成！ 栄養バランスが偏らないように右のルールを参考に作り置きするメニューを選びましょう。

5日間※保存できる作り置きのコツ

※季節や保存状態により異なります。

1 しっかり加熱する

食中毒をおこす菌のほとんどは75℃の加熱を1分以上※することで死滅します。火が通りにくいものはふたをして蒸し焼きにすると◎。

※ノロウイルスは85～90℃で90秒

2 味つけは濃いめに

菌が繁殖する原因の一つは水分。塩や砂糖を強めに使うと食材の中の水分が出やすくなり、同時にご飯がすすむ濃い味つけに。とても理にかなっています。

3 容器を消毒する

保存する容器そのものに菌がついていると、料理を栄養源として繁殖してしまいます。煮沸消毒やアルコール消毒で菌を減らしておきましょう。

4 冷ましてから入れる

温かいまま容器に入れてふたをすると蒸気で水分が出ます。また、温かいまま冷蔵庫に入れると庫内の温度が上がり、料理や食材をいためる原因に！

＼mako式すてきなお弁当／

おかずのルール

グー！ チョキ！ パー！

下で紹介する3タイプのおかずをバランスよく詰めると、
「栄養」「彩り」「満足感」の3拍子そろったすてきなお弁当になります。
89ページからは、グー・チョキ・パー各ジャンルのベストレシピを紹介しています。

肉や魚で 主菜の「グーおかず！」

→P.89～

メインのおかずは、肉、魚、大豆食品などたんぱく質が豊富で満足度の高いものを。今日は何にしようかな？　と、ワクワクするお弁当の主役です。

緑野菜で 彩りの「チョキおかず！」

→P.94～

緑色のおかずが入ると、それだけで鮮やかになり、食欲もそそります。加熱すればかさが減り、自然と野菜がたっぷりとれるのも◎！

根菜類で 満足感の「パーおかず！」

→P.99～

歯ごたえのある根菜類やおなかに溜まるおからなどを使って満足感をアップ。食物繊維の豊富な食品が多く、ダイエット中のおかずとしても優秀！

mako式すてきなお弁当

詰め方のコツ

おかずのルールを押さえたら、次は詰め方をマスター！
お弁当の大敵「汁もれ」「偏り」を意識するだけで自然と見栄えが整います。

大きいもの順に詰めていく

まず面積をとるご飯、それから大きいおかず、小さいおかずの順番で詰めます。たれのついたおかずなら「のっけ弁」がおすすめ！

隙間には小さいおかずをギュッと

隙間があると持ち運んでいる時に偏ってしまい、開けた時にくずれてしまいがち。小さなおかずやギュッと詰められる葉野菜で隙間を埋めて。

小物やカップで彩りアップと汁もれ防止

ピックやカップの色が加わることでお弁当の色彩が豊かになるほか、カップなどの仕切りは色移りや味移りの防止にも貢献。

グーおかず 1位

余った豆腐を凍らせて1品！

豆腐ナゲット

▶コツはP.75へ

材料(6個分)

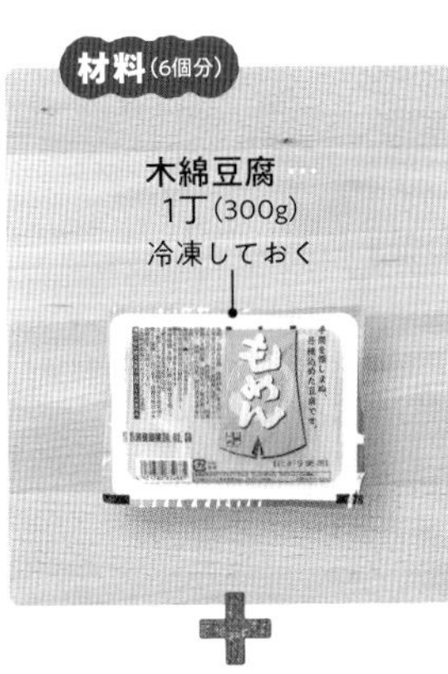

木綿豆腐……1丁(300g) 冷凍しておく

＋

- A
  - 片栗粉…大さじ1
  - マヨネーズ…大さじ1
  - しょうゆ…小さじ2
  - 鶏がらスープの素…小さじ1
- サラダ油…適量

1 豆腐は解凍してよく水気を絞る

BEST! 豆腐は凍らせておくことでお肉のような食感になります。

2 Aと1を混ぜ合わせ、食べやすく成形する

3 フライパンに5㎜ほど油を注ぎ揚げ焼きにする

170℃に熱した油に2を入れ、3分程きつね色になるまで揚げる。

グーおかず
2位

定番調味料でサッと作れる

サケの照り焼き

▶コツはP.75へ

材料(2人分)

＋

片栗粉 … 適量
ごま油 … 大さじ1/2

A
- しょうゆ … 大さじ2
- みりん … 大さじ2
- 砂糖 … 大さじ1

1 サケに片栗粉をまぶす

2 1をフライパンで焼く

ごま油を引いたフライパンに1を入れ、両面をこんがりと焼く。

3 Aを入れて煮からめる

ご飯がすすむ常備菜

牛のしぐれ煮

time 10分 鍋

材料(2人分)

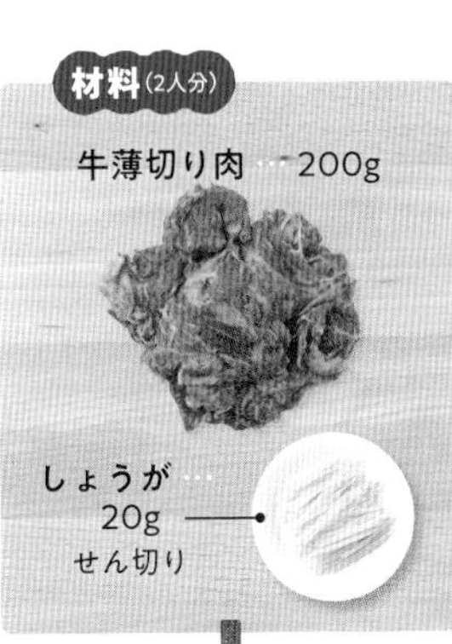

牛薄切り肉…200g

しょうが…20g せん切り

A
- しょうゆ…大さじ3
- みりん…大さじ3
- 酒…大さじ2
- 砂糖…大さじ2

1 しょうがとAを鍋に入れて火にかける

2 煮立ったら牛肉を入れる

3 水分がなくなるまで炒り煮にする

ボリューミーで満足度大♪

レンジシューマイ

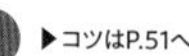
▶コツはP.51へ

材料（8個分）

豚ひき肉…200g

玉ねぎ…中1/2個 みじん切り

焼売の皮…8枚

＋

A
- オイスターソース…小さじ2
- しょうゆ…小さじ2
- ごま油…小さじ1
- 酒…小さじ1
- おろししょうが…小さじ1
- 片栗粉…小さじ2
- 塩・こしょう…各少々

水…大さじ2

1 ポリ袋で豚肉、玉ねぎ、Aをよく混ぜ合わせる

2 8等分し、皮で包む

3 耐熱容器に並べて加熱する

600Wで6分

耐熱容器に並べ、水をまんべんなく振りかけて容器のふたをずらしてのせ、6分加熱する。好みでこしょうをふって。

入っているとうれしい定番

ミートボール

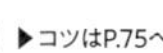

▶コツはP.75へ

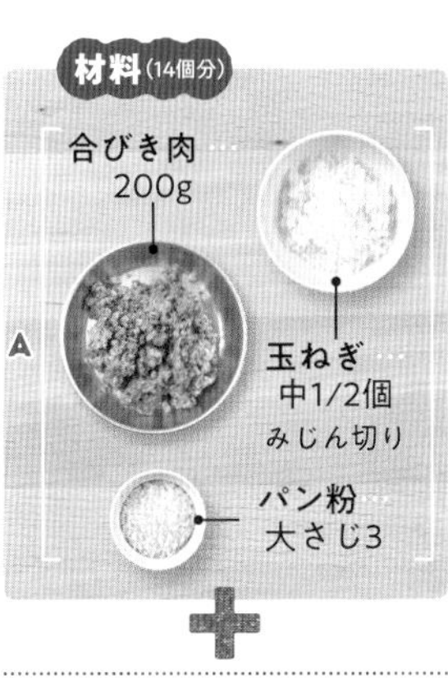

塩・こしょう … 各少々
サラダ油 … 小さじ1

B
- ケチャップ … 大さじ3
- みりん … 大さじ3
- 中濃ソース … 大さじ1
- 酢 … 小さじ1

1 タネを作り、フライパンに丸く絞る

Aと塩・こしょうをポリ袋でよく混ぜ合わせ、袋の端を切ってフライパンに絞り出す。

2 焼く

フライパンにサラダ油を回し入れ、1の周りを焼きつけたら、弱火にしてふたをし、5分蒸し焼きにする。

3 混ぜ合わせたBを入れて煮からめる

チョキおかず 1位

子どもにも大人気の味!

ほうれん草のピーナツバターあえ

time 5分　電子レンジ　▶コツはP.51へ

材料（2人分）

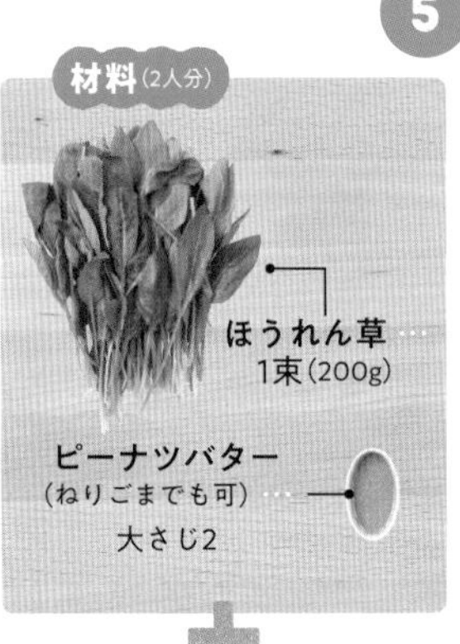

ほうれん草…1束（200g）

ピーナツバター（ねりごまでも可）…大さじ2

＋

A［砂糖…大さじ1
しょうゆ…大さじ1

1 ほうれん草を加熱する

600Wで2分

ほうれん草は洗ってポリ袋に入れ、電子レンジで2分加熱する。

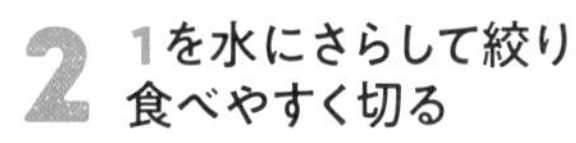

2 1を水にさらして絞り、食べやすく切る

3 ポリ袋に2とピーナツバター、Aを入れてあえる

レンチンだけでこのおいしさ!

白菜のごまあえ

▶コツはP.51へ

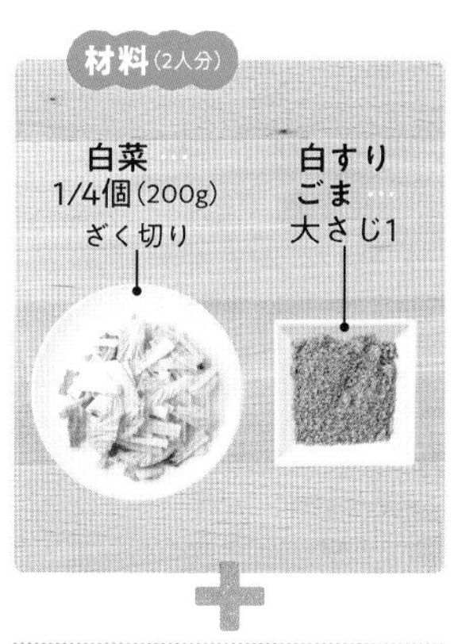

A
- めんつゆ…大さじ1
- 塩…ふたつまみ

1 白菜をポリ袋に入れて口を折る

2 電子レンジで2分加熱し、水気を絞る

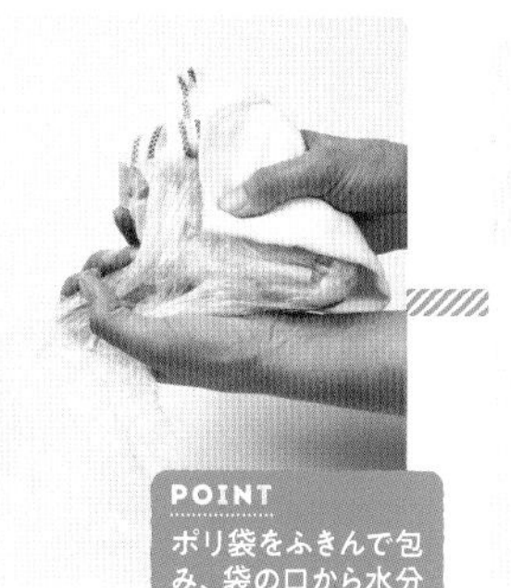

POINT
ポリ袋をふきんで包み、袋の口から水分を捨てるとラク!

3 すりごま、Aとあえる

食感がアクセントをプラス

ズッキーニの中華あん

▶コツはP.75へ

ズッキーニ…中1本
5mm幅の輪切り

ごま油…小さじ1

A
- 鶏がらスープの素…小さじ1
- 酒…小さじ1
- 片栗粉…小さじ1/2
- 水…1/4カップ

1 ズッキーニをごま油で炒める

フライパンにごま油とズッキーニを入れ、少しやわらかくなるまで炒める。

2 混ぜ合わせたAを入れる

3 とろみが出るまで加熱する

食欲をそそる香りです

スナップエンドウのにんにく炒め

time 5分　フライパン　▶コツはP.75へ

ごま油…小さじ1

A
- しょうゆ…小さじ1
- 酒…小さじ1
- みりん…小さじ1
- 塩・こしょう…各少々

1 スナップエンドウは両側の筋を取る

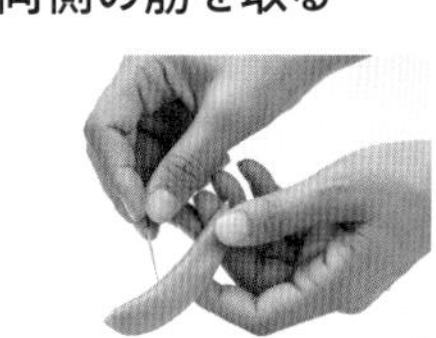

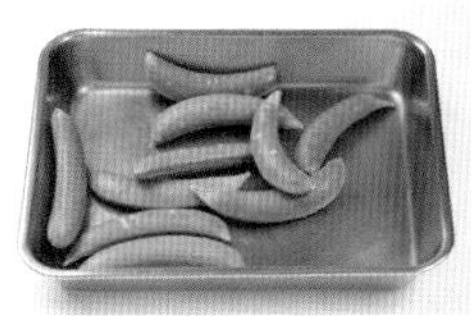

2 フライパンにごま油を入れ、1とにんにくを炒める

3 全体に油が回ったら、Aを入れて炒め合わせる

食べごたえと彩りの1品2役

ブロッコリーのおかか煮

材料（2人分）

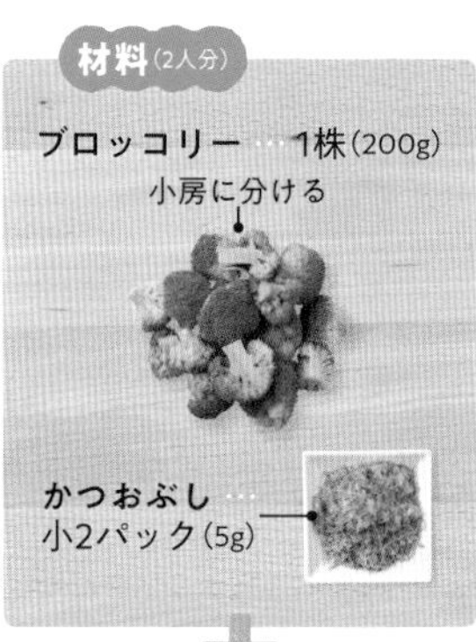

ブロッコリー … 1株（200g）
小房に分ける

かつおぶし …
小2パック（5g）

＋

しょうゆ … 大さじ1
みりん … 大さじ1
水 … 1/2カップ

1 材料をすべて鍋に入れる

2 炒り煮する

3 ブロッコリーがやわらかくなり、煮汁がほぼなくなったら完成

豆乳でしっとりまろやか

おからの炒め煮

ごま油 … 大さじ1

A
- 水 … 1と1/2カップ
- 顆粒和風だし … 大さじ1/2
- しょうゆ … 大さじ2
- みりん … 大さじ2
- 砂糖 … 大さじ2

1 青ねぎ以外の具材をごま油で炒める

2 にんじんがしんなりしたら豆乳とA、青ねぎを入れる

3 水気がなくなり、しっとりするまで炒める

mako家の定番の味です！

レンコンベーコンきんぴら

▶コツはP.75へ

材料（2人分）

＋

ごま油…小さじ1

A
- しょうゆ…大さじ1
- みりん…大さじ1
- 酒…大さじ1

1 フライパンにごま油、れんこん、ベーコンを入れて炒める

2 れんこんが透き通ってきたらAを入れる

3 水気が飛ぶまで炒め合わせる

パーおかず 3位

時間が経つとよりおいしく

かぼちゃの煮物

time 10分 電子レンジ ▶コツはP.51へ

材料(2人分)

かぼちゃ 1/4個(360g)
ひと口大に切る

＋

A
- しょうゆ … 大さじ2
- みりん … 大さじ2
- 酒 … 大さじ2
- 砂糖 … 大さじ1

1 かぼちゃの皮を上に向けて耐熱容器に並べる

2 Aを入れて電子レンジで5分加熱する

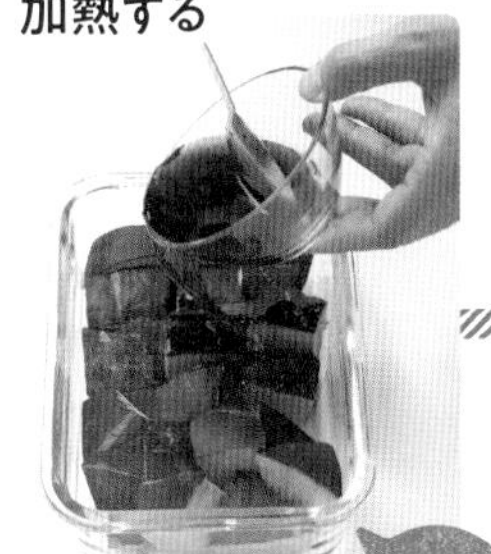

Aを混ぜ合わせながら入れ、容器のふたをずらしてのせ、電子レンジで5分加熱する。

600Wで5分

3 竹串を刺してすんなり通ればOK

POINT
かたければ30秒ずつ追い加熱する。

パーおかず 4位

さっぱりして箸休めにも◎

たけのこの梅かつお煮

time 10分 鍋

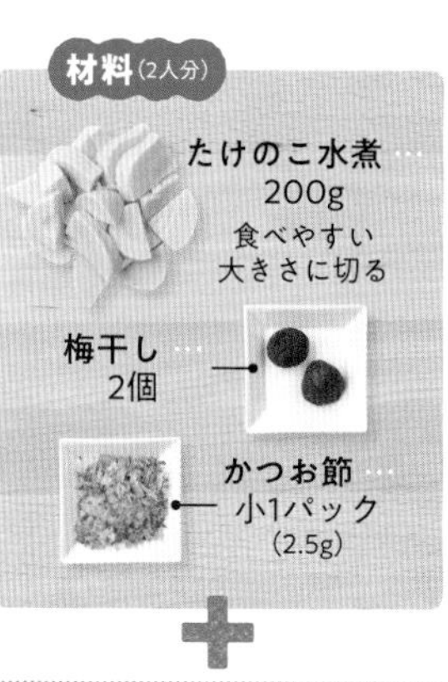

しょうゆ…大さじ1
砂糖…大さじ1
水…1/2カップ

1 鍋にすべての材料を入れる

2 煮汁が4分の1程度になるまで煮る

3 保存は汁ごと保存容器に入れて

定番野菜でパパッと一品

じゃがいもきんぴら

▶コツはP.75へ

ごま油 … 小さじ1

A
- しょうゆ … 大さじ1
- みりん … 大さじ1
- 砂糖 … 大さじ1
- 顆粒和風だし … ひとつまみ
- 赤唐辛子(輪切り) … 少々

1 フライパンにじゃがいもとごま油を入れる

2 いもが透き通るまで炒める

3 Aを入れて煮からめ、ごまをちらす

WEEKDAYランチが楽しみ♪

「グー」「チョキ」「パー」を使った平日1週間分のお弁当コーディネート例です。
作り置きするおかずは同じでも組み合わせの工夫でレパートリーの広さを演出!

Day 1

週の初めはこれ!

コロコロミートボール弁当

- ミートボール →P.93
- ほうれん草のピーナツバターあえ →P.94
- じゃがいもきんぴら →P.103

白いご飯にバシッと合う

がっつり牛しぐれ弁当

- 牛のしぐれ煮 →P.91
- 白菜のごまあえ →P.95
- かぼちゃの煮物 →P.101

定番の魚がうれしい

サケの照り焼きのっけ弁当

- サケの照り焼き →P.90
- スナップえんどうのにんにく炒め →P.97
- おからの炒め煮 →P.99

Day 3

日替わり作り置き弁当

目先を変えて中華風

ボリューミーシューマイ弁当

Day 4

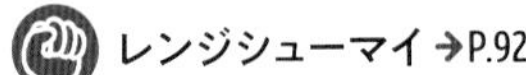

- レンジシューマイ →P.92
- ズッキーニの中華あん →P.96
- たけのこの梅かつお煮 →P.102

Day 2

Day 5

飲み会のある日は…

ヘルシー! 豆腐ナゲット弁当

- 豆腐ナゲット →P.89
- ブロッコリーのおかか煮 →P.98
- レンコンベーコンきんぴら →P.100

時短・カンタン♪

あえるだけ BEST 10

時間をかけずにサッと作れるあと一品は、副菜やおつまみに重宝！
切ってあえるだけの、火を使わないレシピベスト10を紹介します。

1 長いものなめたけあえ

time 5分

材料（2人分）

長いも … 10cm（200g）
かいわれ大根 … 1/2パック
なめたけ … 大さじ3

1 ポリ袋に皮をむいた長いもを入れてめん棒でたたく。

2 1になめたけとかいわれ大根をハサミで切り入れ、よく混ぜる。

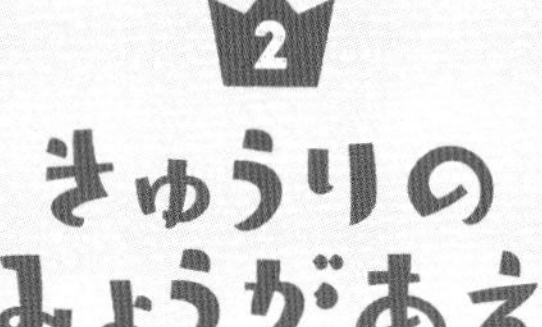

2 きゅうりのみょうがあえ

time 5分

材料（2人分）

きゅうり … 2本
みょうが … 1個
白だし … 大さじ1/2
しょうゆ … 大さじ1/2

1 みょうがはせん切りにする。

2 ポリ袋にきゅうりを入れめん棒でたたく。

3 2にみょうが、白だし、しょうゆを加えてあえる。

いろいろなシーンに活躍！

ぱぱっと丼　お弁当にも

おつまみに　デザートに★

3 焼き揚げとみょうがの甘酢あえ

材料(2人分)

油揚げ … 2枚
みょうが … 2個
すし酢 … 大さじ1
白だし … 小さじ1

1. 油揚げは食べやすく切ってフライパンでこんがり焼く。
2. みょうがはざく切りにして耐熱容器に入れ、すし酢、白だしを加えてふたをずらしてかぶせ、電子レンジで50秒加熱する。
3. 1と2をあえる。

4 数の子のクリームチーズあえ

材料(2人分)

味つけ数の子 … 1本(50g)
きゅうり … 1/2本
クリームチーズ … 50g
かつお節 … 小1パック(2.5g)

1. 数の子は食べやすく切る。きゅうりは薄い輪切りにする。クリームチーズは室温に戻しておく。
2. すべての材料をポリ袋に入れてあえる。

5 甘納豆のマスカルポーネチーズあえ time 3分

材料(2人分)

甘納豆 … 50g
マスカルポーネチーズ(クリームチーズでも可) … 50g

すべての材料をポリ袋に入れてあえる。

6 だし風やっこ time 5分

材料(2人分)

絹ごし豆腐 … 1丁(300g)
きゅうり … 1/2本
大葉 … 6枚
みょうが … 1個
A 白いりごま … 大さじ1
A めんつゆ … 大さじ2

1 きゅうり、大葉、みょうがは粗みじん切りにする。
2 1とAを混ぜ合わせる。
3 半分に切った豆腐に2をそれぞれかける。

7 春菊ナムル time 10分

材料(2人分)

春菊 … 1袋(150g)
A ごま油 … 小さじ2
A しょうゆ … 小さじ1
A 白いりごま … 小さじ1
A 鶏がらスープの素 … 小さじ1/2
A おろしにんにく … 小さじ1/4

1 よく洗ってざく切りにした春菊をポリ袋に入れて口を折り、電子レンジで1分半加熱する。
2 袋のまま冷水で冷やしたあと、水気を絞って袋に戻す。
3 2にAを入れてよくあえる。

8

豆腐のキムチあえ

time 5分

材料(2人分)

もめん豆腐…1丁(300g)
キムチ…60g
万能ねぎ…2本
ごま油…小さじ1
しょうゆ…小さじ1
白すりごま…大さじ1

1 ねぎは小口切りにする。

2 すべての材料をポリ袋に入れ、もめん豆腐を崩しながらあえる。

9

トマトとじゃこのゆずこしょうあえ

time 5分

材料(2人分)

トマト…中2個
青ねぎ…2本
ちりめんじゃこ…大さじ2
A ゆずこしょう…小さじ1/2
A 酢…大さじ1
A しょうゆ…小さじ1

1 トマトはざく切りにする。ねぎは3cm長さに切る。

2 ちりめんじゃことAをよく混ぜ合わせる。

3 1と2をサッとあえる。

10

キャベツの塩昆布あえ

time 3分

材料(2人分)

キャベツ…2枚
塩昆布…大さじ2
ごま油…大さじ1
白いりごま…大さじ1

1 キャベツをざく切りにする。

2 すべての材料をよく混ぜ合わせる。

常備するシアワセ

漬け物四天王

旬の野菜がたくさん手に入ったら、漬け物にしていつでも食卓へ。
ご飯の友だけじゃなく、箸休めやおつまみにもなる厳選4レシピ。

※調理時間は漬け時間を除いたものです

白菜のゆず漬け

材料（2人分） time 5分

白菜…1/4個（400g）
ゆず…1個
A［酢…大さじ1
砂糖…大さじ1/2
塩…大さじ1/2

1 白菜は水洗いし、水気をよくふき取る。ゆずは皮を薄くむいて細くきざみ、果汁をしぼる。

2 ゆずの皮と果汁、Aを保存袋に入れてよく混ぜ合わせる。

3 白菜を2に入れ、なじませるようにもみ込み、2日間漬け込む。

ミニトマトとモッツァレラチーズのみそ漬け

材料（2人分） time 3分

ミニトマト…14個
モッツァレラチーズ（ひと口タイプ）…1袋（100g）
A［みそ…大さじ3
みりん…大さじ1

1 ポリ袋にAを入れてよく混ぜ合わせる。

2 ミニトマトとモッツァレラチーズを1に加えてよくからめ、冷蔵庫で5時間以上寝かせる。

3 袋から取り出し、余分なみそをふき取って器に盛る。

基本はみんな同じ！

＼切って♪／ ＼もんで★／ ＼漬ける！／

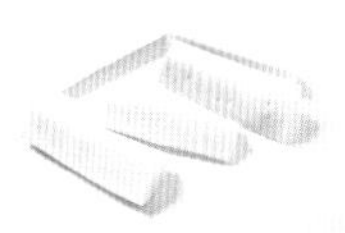

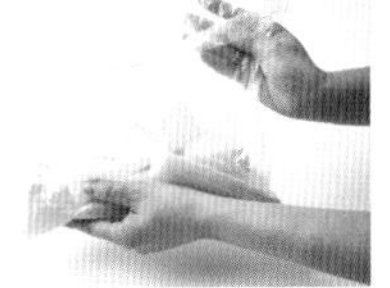

大根のビール漬け

材料(2人分) time 3分

大根 … 小さめ1本(800g)

A
- ビール … 1/2カップ
- 砂糖 … 100g
- 酢 … 大さじ2
- 塩 … 大さじ1と1/2
- 練り辛子 … 大さじ1

1. 大根は葉と根を落とし、縦に8等分に切る。
2. 保存袋にAを入れてよく混ぜ、1を入れる。
3. 一晩(8時間程度)そのまま置いてから冷蔵庫に移して1週間以上漬け、食べやすく切っていただく。

にんじんとセロリのピクルス

材料(2人分) time 10分

にんじん … 中1本
セロリ … 1本

A
- 酢 … 1カップ
- 水 … 1/2カップ
- 砂糖 … 大さじ3
- 塩 … 大さじ1/2

ローリエ … 2枚
赤唐辛子(あれば) … 1本

1. にんじんは皮をむき、セロリは筋を取ってスティック状に切る。
2. Aと1を鍋に入れて沸騰させる。
3. 保存容器に移してローリエ、赤唐辛子を加え、粗熱が取れたら冷蔵庫で1日以上漬け込む。

肉にも野菜にも!

ソース四天王

素材の味を楽しみたい時にアクセントになるソースやたれ。
手軽にできて使い勝手のよい鉄板の4品です。

にんにくみそだれ

材料（2人分）

みそ … 大さじ2
コチュジャン … 大さじ1
ごま油 … 大さじ1
みりん … 大さじ1
にんにく（みじん切り）… 小さじ1/2
長ねぎ（みじん切り）… 1/4本
白いりごま … 小さじ1

すべての材料を混ぜ合わせる。

タイ風エスニックソース

材料（2人分）

ナンプラー … 大さじ2（しょうゆでも可）
レモン汁 … 大さじ1
にんにく（みじん切り）… 小さじ1/2
パクチー（みじん切り）… 小さじ1
青唐辛子（みじん切り・赤唐辛子でも可）… 1/2本

すべての材料を混ぜ合わせる。

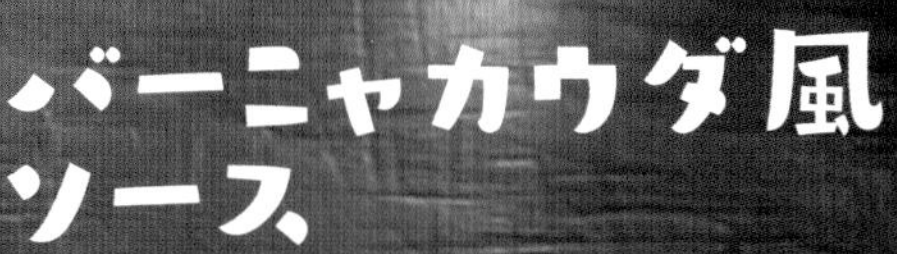

材料（2人分）

マヨネーズ … 大さじ2
オリーブオイル … 大さじ2
アンチョビフィレ … 8g
（みじん切り・オイルをきったツナ缶1/2個分でも可）
おろしにんにく … 小さじ1/2

すべての材料を混ぜ合わせる。

しょうがドレッシング

材料（2人分）

おろししょうが … 小さじ2
しょうゆ … 大さじ2
酢 … 大さじ2
砂糖 … ひとつまみ
オリーブオイル … 大さじ3

すべての材料を混ぜ合わせる。

mako流 すっごいベース BEST 3

必要な分だけ割って解凍し、スープや具材などに使えるのが
mako流「すっごいベース」。そんなベースの厳選ベスト3を紹介します!

すっごいPOINT 1 袋に材料を入れてもむだけで完成

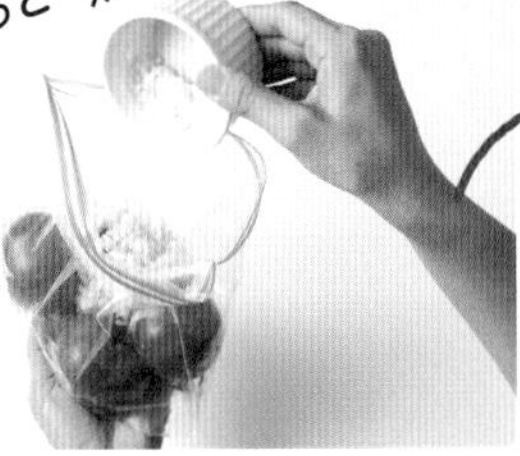

ざっと

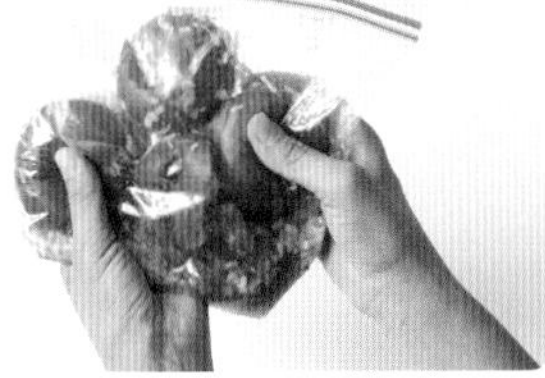

モミモミ

作り方はとってもシンプル!
すべての材料を袋でもんで冷凍するだけ。

すっごいPOINT 2 使う分だけを取り出せる!

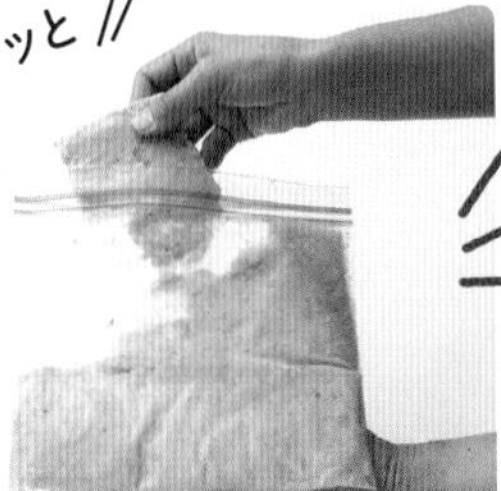

パキッと

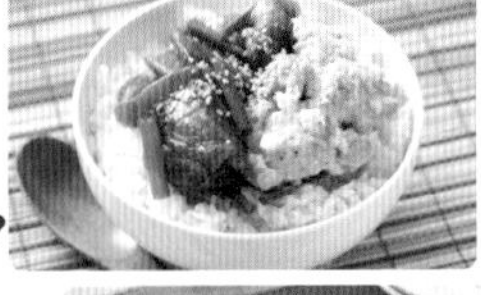

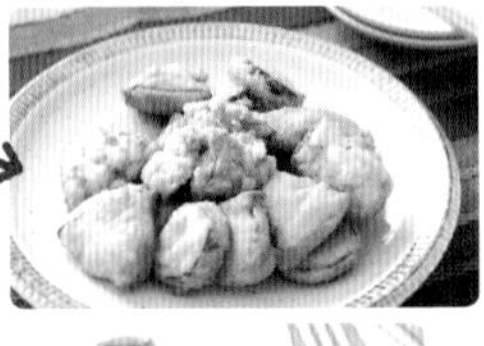

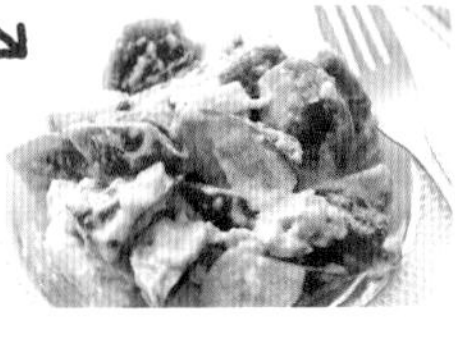

バラエティ!

板状に冷凍しておくと、必要な分だけ割って手軽に取り出せます。

すごいPOINT 3 アレンジの幅が広い♪

これさえあればいつもの料理がグレードアップ!
アレンジレシピも118ページから紹介します。

和にも洋にも大活躍♪

和風トマトベース

アレンジ
レシピ
→P.118

材料(作りやすい分量)

長ねぎ … 1/2本
みじん切り

トマト … 中4個
へたを取る

おろししょうが … 小さじ1

➕ 白だし … 大さじ5

すべての材料を保存袋に入れ、トマトを手でつぶしながらよく混ぜる。

保存する時と使う時

袋の空気を抜いて平らにし、バットなどに入れて冷凍保存します。**使う時は、電子レンジで2分程加熱して解凍を。**

＼クリーミーで具材感も◎♪／

アボカドベース

材料(作りやすい分量)

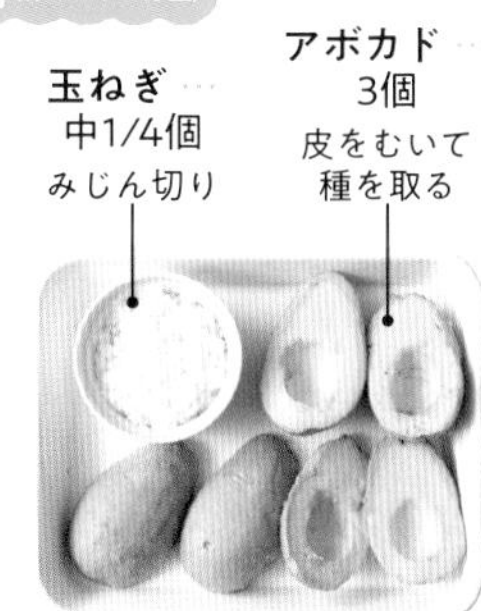

＋

レモン汁…大さじ2
塩…小さじ1/3
砂糖…ひとつまみ
こしょう…少々

すべての材料を保存袋に入れ、アボカドを手でつぶしながらよく混ぜる。

3位 メキシカンサルサベース

材料(作りやすい分量)

＋

ライムの絞り汁(レモン汁でも可)…大さじ1
塩…小さじ1/2
タバスコ…少々

すべての材料を保存袋に入れ、トマトを手でつぶしながらよく混ぜる。

＼エスニック料理が簡単／

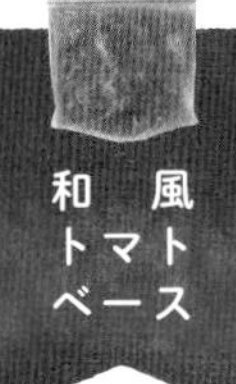

和風トマトベース

トマトベースのW使いでリッチな味に

蒸し鶏サラダ

time 10分

ARRANGE ドレッシング

材料(2人分)

鶏むね肉 … 1枚(300g)
サラダミックス … 1パック(100g)
塩・こしょう … 各少々
酒 … 大さじ1
オリーブオイル … 大さじ1/2
和風トマトベース … 大さじ5

1. 鶏むね肉は厚さが均等になるように開く。
2. 1を耐熱皿にのせて塩・こしょうし、酒をふりかけ、ふんわりラップをして電子レンジで4分加熱する。
3. 粗熱がとれたら手で割いてトマトベース半量を合わせる。
4. 器にサラダミックス、3を盛り、残りのトマトベースにオリーブオイルを合わせてかける。

和風トマトベース

トマトの酸味でさっぱりと♪

豚トマト炒め

time 5分

ARRANGE 具材

材料(2人分)

豚ロース肉(しゃぶしゃぶ用)… 240g
万能ねぎ … 2本分
ごま油 … 大さじ1/2
和風トマトベース … 大さじ5

1 ねぎは小口切りにする。

2 フライパンにごま油と豚肉を入れ、肉の色が変わるまで炒める。

3 トマトベースを加えて炒め合わせ、ねぎをちらす。

和　風
トマト
ベース

和風だから麺のつけだれにも合う！

トマトそうめん

time 5分

ARRANGE
つけつゆ

材料（2人分）

そうめん …2束
水 …1/4カップ
和風トマトベース …1/4カップ

1 そうめんは袋の表示通りゆでて水でしめ、器に盛る。

2 トマトベースを水で割ってつけつゆを作る。

トマト×なすの
鉄板コンビ！

焼きなすトマトだれ

time 5分

材料(2人分)

なす … 中3本
ごま油 … 大さじ3
和風トマトベース … 適量

1 なすはヘタを落とし、縦に切る。

2 ごま油をひいたフライパンで1を両面こんがり焼く。

3 皿に盛り、トマトベースをかける。

朝の目覚めに
サッと作れるスープを

トマトベースの豆腐わかめスープ

time 3分

材料(2人分)

絹ごし豆腐 … 1/2丁(150g)
乾燥わかめ … 大さじ1
水 … 1と1/2カップ
和風トマトベース … 大さじ6

1 豆腐はさいの目に切る。

2 トマトベースを鍋に入れて火にかけ、溶けたら水を入れて味を調整する。

3 1を入れてひと煮立ちさせ、わかめを入れて火を止める。

アボカドベース

サケの塩気とまろやかなアボカドが好相性

サケとズッキーニのフリット

time 10分

ARRANGE かけるだけ

材料(2人分)

塩ザケ…2切(80g×2)
ズッキーニ…中1/2本
揚げ油…適量
アボカドベース…大さじ3

A
塩・こしょう…各少々
小麦粉…大さじ3
片栗粉…大さじ1
ベーキングパウダー…小さじ1/2
水…大さじ2
卵…1個

1 サケとズッキーニはひと口大に切る。Aはよく混ぜ合わせる。

2 油を170℃に熱し、Aにサケとズッキーニをくぐらせてきつね色になるまで揚げる。

3 皿に盛りつけてアボカドベースをかける。

アボカド
ベース

ハワイ料理もベースを使えば簡単！

ポキ丼

time 15分

ARRANGE
具材

材料（2人分）

まぐろ（刺身用）…150g
万能ねぎ…3本
しょうゆ…大さじ1/2
みりん…大さじ1/2
ご飯…適量
白いりごま…適量
万能アボカドベース…100g

1 ねぎは3cm幅に切る。

2 まぐろにしょうゆとみりんをもみ込み、1を加えて混ぜる。

3 どんぶりにご飯を盛り、アボカドベースと2をのせ、いりごまをちらす。

アボカドベース

淡白な鶏むね肉に
アボカドのコクをプラス

鶏むね ステーキ

time 15分

材料（2人分）

鶏むね肉 … 1枚（300g）
塩・こしょう … 適宜
オリーブオイル … 大さじ1
わさび … 小さじ1
万能アボカドベース … 大さじ3

1. 鶏肉は厚さが均等になるように開き、しっかりめに塩・こしょうする。
2. フライパンに1とオリーブオイルを入れ、こんがり焼く。
3. アボカドベースとわさびを混ぜ、2に添える。

アボカドベース

定番夏野菜を
アボカドでアレンジ

夏野菜のクリーミーサラダ

time 5分

材料（2人分）

トマト … 中1個
きゅうり … 1本
A ┌ マヨネーズ … 大さじ1
　│ 塩・こしょう … 各少々
　└ 万能アボカドベース … 大さじ4

1. トマトときゅうりは食べやすい大きさに切る。
2. 1とAを混ぜる。

メキシカン
サルサ
ベース

ふんわり卵にスパイシーなアクセント

サルサオムレツ

time 5分

ARRANGE
かけるだけ

材料(2人分)

A
- 卵 … 4個
- ピザ用チーズ … 40g
- 牛乳 … 大さじ4
- 塩・こしょう … 各少々

バター … 10g
メキシカンサルサベース … 大さじ3

1 ボウルにAをよく混ぜ合わせる。

2 バターをひいたフライパンで1を焼き、オムレツを作る。

3 2を皿に盛り、メキシカンサルサベースをかける。

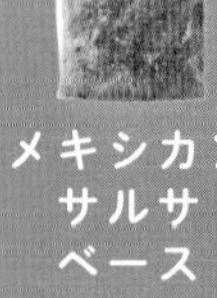

メキシカン
サルサ
ベース

カレー粉×サルサでホットなおいしさ♪

スパイシー唐揚げ

time 5分

ARRANGE
かけるだけ

材料(2人分)

A
- 鶏もも肉(唐揚げ用)…300g
- しょうゆ…大さじ1
- みりん…大さじ1
- カレー粉…小さじ1/2

- 小麦粉…大さじ3
- 片栗粉…大さじ3
- 揚げ油…適量
- メキシカンサルサベース…大さじ3

1 Aをポリ袋に入れてよく混ぜる。

BEST! 30分程寝かせるとよりおいしくなります。

2 小麦粉、片栗粉を合わせたものを1にまぶす。

3 170℃に熱した油で2をこんがり揚げて皿に盛り、メキシカンサルサベースをかける。

ピリッとおいしい
沖縄グルメ

タコライス

time 5分

材料(2人分)

A
- 合びき肉 … 150g
- トマトケチャップ … 大さじ2
- 中濃ソース … 大さじ1
- カレー粉 … 小さじ1

サラダ油 … 小さじ1/2
カットレタス … 1袋(60g)
細切りチーズ … 適量
ご飯 … 適量
メキシカンサルサベース … 大さじ4

1. フライパンに油を引いて、Aをよく炒める。
2. 皿にご飯を盛り、1とカットレタス、チーズ、メキシカンサルサベースをのせる。

ベースに入った
野菜の食感もアクセントに

シーフードカルパッチョ

time 5分

材料(2人分)

タコ(刺身用) … 40g
ホタテ(刺身用) … 40g
塩・こしょう … 各少々
ベビーリーフ … 1袋(30g)
オリーブオイル … 大さじ1/2
メキシカンサルサベース … 大さじ2

1. タコとホタテは食べやすく切り、軽く塩・こしょうしてなじませる。
2. ベビーリーフと1を皿に盛り、オリーブオイルとメキシカンサルサベースを合わせたものをかける。

mako

アイデア料理研究家、超カンタン料理研究家、フードクリエイター、フードコーディネーター、家政婦、栄養士。保育園の栄養士を経て、現在は予約殺到の家政婦、アイデア満載の料理研究家としてメディアで活躍。『準備はたった1分！ 家政婦makoのずぼら冷凍レシピ』（マガジンハウス）『予約のとれない家政婦makoのひとりぶんからレンチンごはん』（KADOKAWA）など著書多数。

公式サイト　http://www.makofoods.com/
You Tube: https://www.youtube.com/c/makofoods
Instagram:@makofoods
Twitter: @makofoods
Facebook: https://www.facebook.com/makofoods/

STAFF　デザイン　平塚兼右、平塚恵美、
矢口なな、新井良子（PiDEZA Inc.）
撮　影　坂本博和（写真工房）
編集・スタイリング　舟橋　愛（able-fool株式会社）

予約のとれない家政婦makoの
心底おいしい！
手抜きご飯 MYベスト

2020年4月30日　初版発行

著　者　mako
印刷・製本　株式会社光邦
発行者　近藤和弘
発行所　東京書店株式会社
〒101-0051　東京都千代田区神田神保町3-5
住友不動産九段下ビル9F
Tel.03-5212-4100
Fax.03-5212-4102
http://www.tokyoshoten.net

ISBN978-4-88574-584-3 C2077